Les Discours

DU

Général BOULANGER

DEPUIS LE 5 AOUT 1881
JUSQU'AU 4 SEPTEMBRE 1887

————·✳·————

*Tout pour la grandeur de la France
et de la République.*

JANVIER 1888

IMPRIMERIE

L. BOURGEON

Rue St-Paul, 36

LYON

LECTEURS,

En mettant sous vos yeux les Discours du Général BOULANGER, depuis le premier qu'il prononçait à Valence, le 4 août 1881, à la distribution des prix du collège de cette ville jusqu'à celui que vous avez entendu, le 4 septembre 1887, à la distribution des récompenses à la Société de gymnastique de la ville de Riom, nous n'avons pas eu pour but de faire l'éloge d'un homme, mais de vous mettre à même de juger ce Patriote par les paroles qu'il a prononcées en diverses circonstances.

Nous vous les présentons sans préparation aucune, sans mise en scène. A quoi cela servirait-il? A déguiser la vérité! Ce n'est point ce que nous cherchons.

Nous venons seulement vous dire : On a calomnié un homme, un soldat qui désirait la paix de toute la force de son âme, qui poursuivait sans relâche la préparation à la guerre et augmentait nos forces militaires pour faire une France grande, forte et respectée.

Vous savez ce qu'il a fait! Lisez ce qu'il a dit! Rapprochez ses paroles de ses actes et jugez!

BIOGRAPHIE

DU

Général BOULANGER

————◦✳◦————

C'est le 29 avril 1837 que naquit, à Rennes, BOULANGER Georges-Ernest-Jean-Marie. Il fit ses études au lycée de Nantes, et il entra le 17 janvier 1855 à l'École militaire de St-Cyr. Il en sortit le 1er octobre 1856, époque à laquelle il fut nommé sous-lieutenant au 1er régiment de tirailleurs algériens.

La promotion dont il fit partie s'appelle la promotion de « Crimée-Sébastopol ».

Dirigé, le 27 décembre 1856, sur son corps en Afrique, il reste dans cette colonie jusqu'au 22 avril 1859. Il apprit, dans les expéditions desquelles il faisait partie, ce que peuvent l'énergie, l'audace et le courage.

Choisi parmi les volontaires qui devaient se rendre à l'armée d'Italie, le sous-lieutenant Boulanger quittait l'Afrique le 23 avril 1859.

En Italie, sa conduite fut un exemple de

bravoure qu'il paya d'une grave blessure par un coup de feu au côté gauche de la poitrine, au combat de Turbigo, près Robecchetto.

Il resta longtemps entre la vie et la mort.

On peut juger de la gravité de la blessure qu'il reçut par les soins qu'il est obligé de faire prendre dans la confection de ses vêtements. On remarque que le côté gauche de sa tunique ne comporte pas de couture. Elle est maintenue fermée par des lacets.

Sa vaillante conduite lui valut la croix de chevalier de la Légion d'honneur. Elle lui fut décernée le 17 juin 1859.

Il avait alors 22 ans.

La campagne d'Italie terminée, il retourne en Afrique le 20 août 1859 où il reste jusqu'au 14 octobre 1861.

Nommé lieutenant le 28 mars 1860 et capitaine le 21 juillet 1862, il fit comme tels la campagne de la Cochinchine, c'est-à-dire du 15 octobre 1861 au 3 mai 1864.

Pendant cette campagne, il sut également se distinguer.

Il fut blessé d'un coup de lance à la cuisse gauche le 24 février 1862 à Traï-Dan.

Rentré en France le 3 mai 1864, il passe le 17 décembre 1864, comme capitaine au 53e de ligne.

Le 3 janvier 1867 il est détaché, comme instructeur, à l'École militaire de St-Cyr.

Sa main ferme, son impartialité et sa juste appréciation des St-Cyriens qu'il instruisait faisaient dire à ces derniers : *On a le vent, mais on est commandé.*

Il était encore à St-Cyr, lorsque éclata la guerre de 1870.

Nommé chef de bataillon le 15 juillet 1870, il alla rejoindre le 28e de ligne, son corps d'affectation.

Il fit la guerre contre l'Allemagne du 30 août 1870 au 7 juin 1871.

Pendant ce laps de temps, il passa successivement comme :

Chef de bataillon au 13e régiment de marche, le 17 août 1870.

Chef de bataillon au 113e régiment de marche, le 1er novembre 1870.

Lieutenant-colonel au 114e régiment de marche, le 9 novembre 1870.

Colonel au 114e de marche, le 27 janvier 1871.

Lieutenant-colonel au 114e de ligne, le 25 novembre 1871. (*Décision de la Commission de révision des grades.*)

Pendant toute cette période, il fut blessé d'un coup de feu à l'épaule droite à Champigny, le 30 novembre 1870, et enfin d'un coup de feu au coude gauche.

Deux citations à l'ordre de l'armée témoignent de sa bravoure.

Le 8 décembre 1870, il était nommé officier

de la Légion d'honneur et commandeur le 24 juin 1871.

Le 9 décembre 1871, il passait au 109e régiment de ligne comme lieutenant-colonel.

Le 3 octobre 1873, au 133e régiment de ligne comme lieutenant-colonel.

Le 15 novembre 1874, au 70e régiment de ligne comme colonel.

Le 26 novembre 1874, au 133e régiment de ligne comme colonel.

Le 4 mai 1880, il était nommé général de brigade.

Le 21 juillet 1880, il était nommé général commandant la 14e brigade de cavalerie à Valence.

Le 13 août 1881, il fut désigné comme chef de la Mission française à la fête du Centenaire de l'Indépendance des États-Unis.

Le 16 avril 1882, il est nommé directeur de l'infanterie, où il reste jusqu'au 18 février 1884, date de sa nomination au grade de général de division.

Le 21 février 1884, il est nommé au commandement de la division d'occupation de Tunisie.

Il rentre en France le 31 juillet 1885.

Le 7 janvier 1886, il est appelé aux hautes fonctions de ministre de la guerre, poste qu'il conserve jusqu'au 17 mai 1887.

Le 15 juillet 1886, il reçoit le cordon de grand officier de la Légion d'honneur.

Le 29 juin 1887, il est nommé commandant du XIIIᵉ corps d'armée, à Clermont-Ferrand.

NOTA. — Lire la vie et l'histoire du Général Boulanger dans les ouvrages ci-après :

1º *Le Général Boulanger*, par Alfred Barbou. Paris, Duquesne, éditeur, 16, rue de la Sorbonne ;

2º *Histoire patriotique du Général Boulanger*. Paris, A. Fayard, 78, boulevard Saint-Michel ;

3º *Histoire populaire du Général Boulanger*. Paris, Beaudot, éditeur.

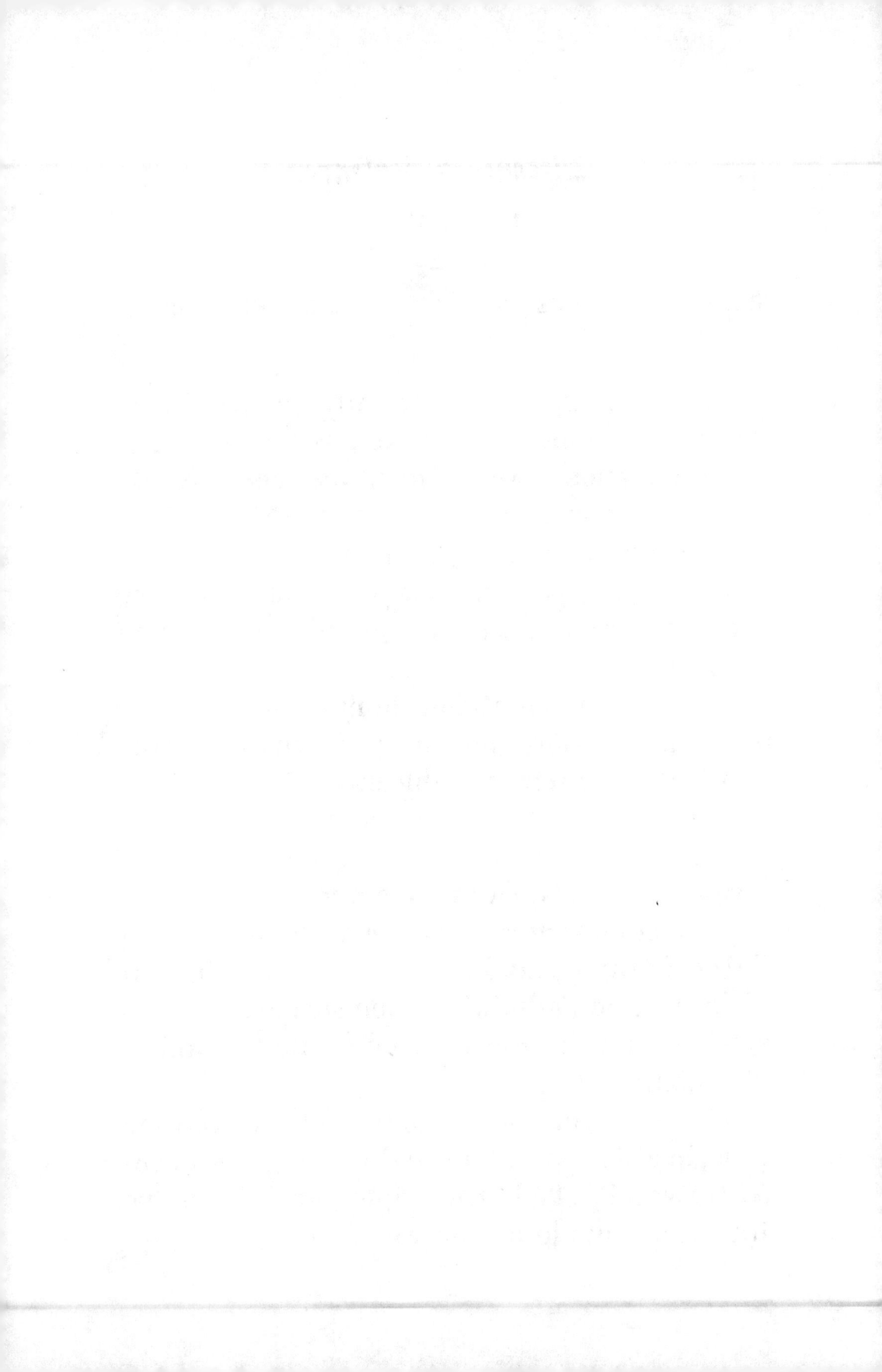

Discours à Valence.

4 AOUT 1881.

—

DISTRIBUTION DES PRIX AU COLLÈGE DE VALENCE.

—

L A BRUYÈRE, dont un certain nombre d'entre vous connaissent les œuvres, a dit, dans ses immortels CARACTÈRES, au chapitre du MÉRITE PERSONNEL : Il y a plus *d'outils que d'ouvriers et de ces derniers plus de mauvais que d'excellents.* Que pensez-vous de celui qui veut scier avec un rabot ou qui prend une scie pour raboter ?

Je ne puis m'empêcher de me comparer à ce mauvais ouvrier, puisque j'ose venir aujourd'hui, après le remarquable et spirituel discours que vous venez d'entendre, manier devant vous la parole, alors que je n'ai été accoutumé jusqu'à présent qu'à manier une épée.

Vous comprendrez, par conséquent, combien j'ai été effrayé quand votre honorable principal, de la part de l'administration académique, est venu m'offrir la présidence de cette magnifique cérémonie.

Mon premier mouvement a été de refuser; puis, la réflexion aidant, j'ai pensé que je devais à l'Université et à l'armée, que j'associe ici avec intention, que je me devais à moi-même, que

2

je vous devais à tous, enfants, pour la plupart d'une cité et d'un département dans lequel j'ai été si cordialement accueilli, d'accepter l'honneur très grand qui m'était fait. Et, pour me rassurer, je me suis dit que la société d'élite qui m'entoure, que vos professeurs si distingués, que vos dignes parents m'excuseront de ne pas m'adresser à eux et que vous, jeunes gens, hommes tout à l'heure, vous me pardonnerez, que dis-je? vous me serez reconnaissants de ne pas vous faire de discours et de me contenter de vous dire quelques mots, qui, partant du cœur d'un soldat, sauront, j'en suis sûr, trouver le chemin de vos cœurs, à vous soldats de demain.

Mon intention est donc de vous entretenir pendant quelques instants des sentiments qui doivent remplir l'existence de tout homme vraiment digne de ce nom, de tout citoyen et spécialement de tout Français.

Ces sentiments sont représentés par trois mots :

PATRIE,

TRAVAIL,

LIBERTÉ.

Et dans cet ordre d'idées, je ne crois pas me tromper en affirmant que je me rencontre avec vos plus nobles aspirations, quand je viens vous déclarer que dans le sérieux voyage de la vie (*j'emprunte ces mots à l'éloquente péroraison du discours si fin de votre honorable professeur de réthorique*), le premier devoir d'un Français, c'est l'amour de la Patrie ; de la Patrie, ce mot divin tiré à la fois de deux mots « *pater* père » et « *patria* famille ».

Et cette Patrie qui compte sur vous, qui a besoin de compter sur tous ses enfants, vous devez l'aimer d'autant plus ardemment qu'elle a souffert davantage, qu'elle a été plus cruellement mutilée.

Je ne vous parlerai pas de vos pères qui ont versé leur sang, il y a peu d'années encore, pour la défense du pays ; je croirais leur faire injure en semblant douter de leurs sentiments patriotiques ; mais je vais plus loin ! Je m'adresse aux cœurs de vos mères et je dis que pas une d'entre elles, pas une digne de ce nom de mère véritablement française, ne me contredira quand j'affirmerai bien haut, que intérêts, amis, famille, vous devez tout quitter, le jour où la France menacée réclamera votre dévouement.

Ici je m'arrête un instant et je me permets d'ajouter un mot aux vers que vous avez entendu chanter, que vous avez chantés vous-mêmes bien des fois.

L'on vous a répété souvent : il est beau, il est noble, il est doux même de mourir pour la patrie !

Moi je vous dis : il est grand de mourir utilement pour la patrie, il est beau de vivre utilement pour elle.

Oui, utilement.

Écoutez à ce sujet celui qui vous expliquera ma pensée mieux que je ne pourrais le faire moi-même, écoutez Jean-Jacques Rousseau dans la première ligne de l'ÉMILE : « Il s'agit moins d'empêcher l'enfant de mourir que de le faire vivre. Vivre, ce n'est pas respirer, c'est agir, c'est faire usage de toutes les parties de nous-mêmes, de nos organes, de nos sens, de nos facultés.

« L'homme qui a le plus vécu n'est pas celui qui a compté le plus d'années, mais celui qui a vécu le plus utilement.

« Tel s'est fait enterrer à cent ans qui mourut dans sa naissance ; il eût gagné d'aller au tombeau dès sa jeunesse s'il eût, du moins, vécu utilement jusqu'à ce temps. »

Après cet extrait, tous certainement vous êtes de l'avis de Jean-Jacques et vous ne désirez savoir qu'une chose : comment vous pourrez rendre les plus grands services à la patrie ; quel est le moyen à employer pour répondre de votre mieux aux espérances que la France fonde sur vous.

Je vous réponds de suite ; le moyen que vous cherchez il n'y en a qu'un :

Le Travail.

Et ici j'aborde la seconde partie de ma thèse.

Le Travail est un devoir auquel nous sommes soumis par la nature elle-même ; car autour de nous toute la nature travaille. Mme Roland l'a dit : « *L'amour du Travail est la vertu de l'homme en société.* »

Sans le Travail, pas de progrès ; et notre destinée est de progresser sans relâche. Vous ne l'ignorez pas, tout peuple qui ne progresse pas, recule ; c'est fatal. Vous le verrez bientôt, plus vous vous élèverez dans l'échelle sociale, plus vous serez tenus à travailler.

Aujourd'hui l'étude vous est douce, vous est facile sous la direction de maîtres expérimentés qui, dans un espace de dix années, ont su tripler le nombre des élèves de ce beau collège et qui sont soutenus eux-mêmes par un grand maître de l'Université, franchement universitaire, ce qui ne s'est pas toujours vu.

Mais bientôt, quand vous allez rentrer réellement dans la vie, plusieurs d'entre vous vont être sans doute abandonnés à leurs propres forces.

Ce sera alors, mes chers amis, qu'il faudra vous souvenir des leçons qui vous sont données ici chaque jour, qu'il faudra cuirasser votre âme et, vous rappelant peut-être un peu les conseils que vous donne aujourd'hui la voix d'un soldat, vous dire : point de faiblesse, point de lâcheté, travaillons pour le moment où notre cher pays aura besoin de nous. Que pas un instant alors ce noble sentiment ne vous quitte,

Soyez prêts pour le jour (vous comprenez pourquoi je ne puis m'étendre sur ce sujet) pour le jour, dis-je, où la France sera en mesure de revendiquer parmi les nations du monde la place qu'elle n'aurait jamais dû perdre :

La première !

Et ce jour-là il ne faudra pas seulement du courage, il vous faudra la science, que vous aurez acquise par votre travail.

Je voudrais terminer sur cette pensée consolante et vous dire seulement à quel point cette jeune génération, que vous représentez si bien, nous est chère à nous qui, le cœur saignant, avons assisté aux douleurs de la Patrie.

Mais je tiens essentiellement, au moment où vous allez rentrer en vacances, à ne pas vous laisser sous l'impression exclusive des idées représentées par le mot « Travail ».

Je terminerai donc en vous disant ce en quoi consiste, à mon sens, le mot qui est aujourd'hui pour une vraie situation ! n'est-ce pas? le mot : Liberté.

Liberté, grand mot, grande chose, dont tant de définitions ont été données ; chose, non seulement utile, mais nécessaire qui a fait dire à Gudin : « *Les esclaves n'ont pas de patrie, même dans leur pays ;* » et au poète Crébillon :

Ah ! sans la liberté la vie est-elle un bien !

Mais si j'avais, mes amis, une définition à choisir, combien à celle du grand Frédéric s'écriant : « La Liberté est l'exercice de la volonté sans contrainte, » je préfèrerais celle de Montesquieu : « La Liberté est le pouvoir d'agir en respectant les lois. »

Et, s'il m'était permis après ces esprits éminents de donner une définition venant de moi, profane, je dirais : La vraie Liberté, c'est le pouvoir de faire tout ce qui n'empêche pas les autres d'être libres.

Et quel jour, du reste, serait mieux choisi pour prononcer et acclamer ce grand mot de Liberté que l'anniversaire du 4 août 1789, où l'Assemblée nationale proclama que le régime féodal était détruit, que les privilèges étaient abolis à jamais, enfin que tous les citoyens étaient admissibles à tous les emplois et dignités.

Je ne puis vous faire ici l'historique de cette séance où toutes propositions furent décrétées d'enthousiasme et où tous les membres de l'Assemblée à quel ordre qu'ils appartinssent, vinrent sur l'autel de la Liberté sacrifier ce qui avait été jusqu'alors leur privilège et réclamer l'honneur d'être régis par une même loi commune à tous les citoyens français.

Mais je dois constater que de ce jour, la France fut une, la France fut libre ; et nous, les fils des hommes qui ont agi de la sorte, nous devons être fiers d'avoir pour aïeux ceux qui, le 4 août 1789, méritèrent si bien de la Patrie par leur dévouement et par leur amour de la France grande et libre.

Pour moi (que vos honorables professeurs de mathématiques me pardonnent d'empiéter ainsi sur leur terrain), les trois idées dont j'ai voulu vous entretenir sont les sommets d'un immense triangle. Au sommet supérieur brille le mot Patrie soutenu aux deux extrémités par le Travail et par la Liberté; en effet le Travail et la Liberté sont les véritables assises de la Patrie, car la Patrie n'existe réellement que pour des citoyens libres et travailleurs.

Sans la Liberté point de Travail, sans le Travail point de Liberté.

Je termine ici, mes jeunes amis, non pas ce discours, mais ce court entretien. Heureux serai-je si j'ai pu vous intéresser pendant quelques minutes, heureux serai-je surtout si je puis avoir l'espoir que, vous pénétrant des principes si vrais et si sûrs que je n'ai pu qu'esquisser devant vous, un jour en dignes enfants de notre République française, à certaine nation qui écrit sur le casque de ses soldats:

Avec Dieu, pour le Roi et la Patrie,

vous saurez répondre, tête haute et cœur vaillant :

Pour la Patrie, avec le Travail et la Liberté.

PREMIER RAPPORT

du Général Boulanger,
chef de la Mission française aux États-Unis, au Ministre de la Guerre.

(Extrait du *Courrier des États-Unis*.)

Baltimore, le 11 octobre 1881.

MONSIEUR LE MINISTRE,

J'AI l'honneur de vous adresser le rapport ci-après sur le séjour dans l'État de New-York de la mission militaire française envoyée à Washington ; c'est la première étape de notre voyage sur la terre américaine.

Embarquée au Havre le 24 septembre dernier, sur le paquebot le *Canada*, la mission militaire française est arrivée en vue de New-York le 5 octobre, vers dix heures du matin. L'état de la mer n'a pas permis aux membres de cette mission de se rendre à bord de la frégate américaine qui portait le pavillon de l'amiral Wyman, et le *Canada* s'est avancé dans la rade escorté par les navires américains et français.

Dès que le paquebot a eu jeté l'ancre, le Comité de réception constitué à New-York, sous la présidence de M. King, sénateur, est venu souhaiter la bienvenue aux représentants de la France. Avec ce Comité se trouvaient MM. Blaine et Hitt, membres du cabinet, chargés par le gouvernement fédéral d'accompagner la mission française dans tout son voyage. La mission, ainsi que les autres invités français, ont été alors débarqués et conduits en voiture à l'hôtel de la Cinquième avenue. Pendant le trajet, le 7ᵉ régiment de la milice de New-York, dont la belle tenue et l'élégant uniforme sont cités en Amérique, formait une garde d'honneur.

La réception dans les rues de New-York avait un caractère grandiose. Tous les monuments publics, encore voilés de crêpes, et la plupart des maisons particulières portaient les drapeaux de la France et des États-Unis. Une foule considérable se pressait sur le passage du cortège, et l'accueil était partout des plus chaleureux.

Dans la journée l'amiral Wyman est venu faire une visite à la mission française.

Le lendemain, 6 octobre, la mission s'est rendue à bord du *Tennessee* pour remercier l'amiral américain ; elle a été saluée de treize coups de canon.

Le même jour a eu lieu une très belle revue de toutes les milices de New-York. Les troupes, placées sous les ordres du général Hancock, se composaient de plusieurs régiments d'infanterie et de trois batteries d'artillerie. L'hymne national français a été joué successivement par les musiques des différents corps présents à la revue, et le défilé s'est effectué avec une correction et un ensemble très remarquables. L'enthousiasme était encore plus grand que la veille; les applaudissements et les cris de « Vive la France ! » éclataient de toutes parts; les hommes agitaient leurs mouchoirs et la marche du cortège dans la Cinquième avenue a été véritablement triomphale.

Après la revue, la mission a reçu la visite du gouverneur de l'État de New-York, des notables de la ville, des délégués des chambres de commerce, des membres de la colonie française, etc., etc.. Le gouverneur a diné à l'hôtel de la Cinquième avenue avec la mission. Enfin, des expériences très curieuses ont été faites devant la délégation française pour montrer la rapidité avec laquelle fonctionne le service des pompiers à New-York.

Le 7, au matin, la Mission, escortée jusqu'au quai par la compagnie des *Gardes Lafayette*, s'est embarquée sur les navires de guerre américains la *Vandalia* et le *Kearsarge*. Sur le pont de ce dernier navire, dont le nom est resté célèbre, on voit encore les deux canons qui ont coulé la frégate confédérée l'*Alabama*.

Les deux bâtiments ont remonté l'Hudson et reconduit le général Hancock, ainsi que la mission, à West-Point. Là, devant les bâtiments de l'École militaire, était rangé le bataillon des cadets, et sur le mât, qui domine le champ de manœuvres, flottait le drapeau français au-dessus du drapeau américain. Les cadets ont exécuté des manœuvres avec une étonnante précision ; puis ils ont défilé successivement au pas accéléré et au pas de course, au son de *La Marseillaise*. Les manœuvres terminées, le général commandant l'école en a fait les honneurs avec une extrême cordialité, et la mission a vivement admiré l'excellente installation de ce célèbre établissement.

Un train spécial a emporté, le 8 octobre, la mission française sur les chutes du Niagara. Pendant le trajet, un déjeûner de cinquante couverts a été offert dans l'un des wagons aux invités français par le directeur de la Compagnie, M. Vanderbilt. Des toasts ont été portés au président de la République française, au président des Etats-Unis, à S. M. la reine d'Angleterre, à la mémoire de Washington, Lafayette, Rochambeau et des officiers français qui ont combattu pour la cause de l'Indépendance des États-Unis, aux armées et aux marines françaises et américaines.

La journée du 9 a été consacrée à visiter les chutes du Niagara, et, le soir, on a pu admirer les eaux éclairées par la lumière électrique aux trois couleurs nationales.

Le 10, la mission a quitté l'État de New-York à Elmira, pour se rendre à Baltimore, où elle est arrivée dans la soirée du même jour.

En résumé, les représentants de la France ont trouvé partout jusqu'ici l'accueil le plus empressé et le plus cordial. La magnifique hospitalité qu'ils ont reçue à New-York montre combien est vivace chez les Américains le sou-venir de l'appui que la France leur a prêté au siècle dernier, et le centenaire de 1881 aura certainement pour effet de resserrer les liens qui existent entre les deux nations.

Général Boulanger.

DEUXIÈME RAPPORT
du Général Boulanger,
chef de la Mission française aux États-Unis,
au Ministre de la Guerre.

(Extrait du *Courrier des États-Unis.*)

Washington, 24 octobre 1881.

MONSIEUR LE MINISTRE,

J'AI l'honneur de vous adresser le rapport ci-après sur le séjour à Baltimore, Washington, Yorktown et Richmond, de la mission militaire envoyée à Washington pour les fêtes du centenaire de l'indépendance des États-Unis.

La mission militaire est restée à Baltimore pendant les journées des 11, 12 et 13 octobre. Des fêtes ont été données en son honneur, et elle a reçu partout un accueil extrêmement cordial. Le seul fait à citer est une séance d'exercices de pompiers. Comme à New-York, la vitesse avec laquelle s'organisent les secours contre l'incendie est des plus remarquables. Quatre minutes après le signal d'alarme, cinq pompes à vapeur étaient arrivées et mises immédiatement en action. Des échelles articulées, amenées par un chariot porte-corps, se dressent à l'aide d'un treuil et se dédoublant ensuite, étaient rapidement appliquées contre la façade de l'édifice menacé et permettaient de monter aux quatrième et cinquième étages. Enfin un même tuyau alimenté au moyen de deux ou plusieurs pompes lançait une masse d'eau considérable à une très grande hauteur. On ne saurait trop insister sur l'utilité qu'il y aurait pour la France, et la ville de Paris en particulier, à faire une étude détaillée de la constitution de ce service aux États-Unis.

Le 13, la mission arrivait à Washington, où elle était reçue par le secrétaire d'État, M. Blaine.

Le 14, elle a été conduite par tous les ministres au Capitole, où elle a eu l'honneur d'être présentée à S. E. le président des États-Unis, au général Sherman et aux personnages les plus considérables du pays. Puis elle a été introduite dans la salle du Sénat, qui était en séance. Un sénateur, M. Bayard, s'est alors levé, et a fait remarquer la présence des délégués français et a demandé que la séance fût suspendue pendant quelque temps pour les recevoir. La suspension de la séance ayant été prononcée par le président Davis, les présentations ont eu lieu dans la salle même du Sénat.

Pendant son séjour à Washington, la mission a visité le bel établissement des Invalides et le cimetière d'Arlington, magnifique parc où reposent 15.000 soldats morts dans la guerre de sécession. Dans cette dernière tournée, elle était conduite par le général Sherman, auquel elle ne peut être trop reconnaissante des attentions dont il l'a entourée.

Le 17, la délégation française s'embarquait sur un grand vapeur, la *City-of-Catskill*, pour se rendre à Yorktown. En descendant le Potomac, elle s'est arrêtée à Mont-Vernon, résidence de Washington, où se trouve le tombeau du grand homme. La maison qu'il habitait est pieusement entretenue par une association de dames américaines qui s'en est rendue propriétaire. Rien n'a été changé à son ancien aménagement ; on y voit la chambre où est mort Washington, celle qu'occupait Lafayette, etc..

En arrivant, le 18, au fort Monroe, la mission est passée à bord de la frégate française, la Magicienne, portant le pavillon de l'amiral Halligon, et c'est sur ce bâtiment, suivi du Dumont-d'Urville, qu'elle a fait son entrée dans la baie de Yorktown.

Le 19, jour anniversaire de la capitulation de lord Cornwallis, a eu lieu la principale cérémonie, consistant dans la pose de la première pierre du monument commémoratif de ce grand événement. Des discours importants ont été prononcés par le président des États-Unis, par le ministre de France, par M. Wintrope, le plus célèbre avocat des États-Unis.

Dans ce dernier discours, qui a rempli la majeure partie de la séance, l'orateur a exprimé avec une grande élévation de pensée et dans un très beau langage, les sentiments de reconnaissance que les États-Unis conservent pour la nation française ; il a fait l'éloge des généraux français qui ont combattu, au siècle dernier, pour la cause de l'indépendance.

Le lendemain, après avoir assisté à une revue de 7 à 8.000 hommes de l'armée régulière et de la milice, la mission a été reçue par le général Hancock , commandant les troupes réunies à Yorktown ; puis elle a accompagné le président Arthur jusqu'au vapeur *Despatch* qui le ramenait à Washington.

Le 20, au soir, la mission a quitté Yorktown sur le *City-of-Catskill* et est arrivée le 21 à Richmond où elle a passé la journée. La réception de la capitale de la Virginie a été enthousiaste, la ville était entièrement pavoisée et des arcs de triomphe avaient été élevés sur différents points ; le soir, un magnifique bal a été offert à la délégation française.

Le retour à Washington a eu lieu le 22. Un régiment de la milice de Boston, de passage à Washington, était rangé devant l'hôtel Arling-

ton, où devaient être logés les invités français, et, dès son arrivée, la mission a reçu
la visite du général Grant, visite qu'elle lui a
rendue le lendemain.

Dans cette seconde période de son voyage, la
mission a trouvé partout les démonstrations
d'affectueuse sympathie qui l'avaient accueillie
pendant sa première étape sur le territoire
américain ; partout elle a pu se convaincre de
la sincérité des vœux que forme le peuple des
États-Unis pour la grandeur de la nation française, à laquelle le rattache le souvenir d'une
ancienne alliance et l'unit aujourd'hui la
similitude de ses institutions politiques.

Général BOULANGER.

Nous mettons également sous les yeux de nos lecteurs la dépêche suivante du Général Boulanger, qui comprend la période de retour à New-York jusqu'à la réception de la colonie française de cette ville.

New-York, 6 novembre 1881.

Nous sommes de retour à New-York pour la continuation des fêtes officielles, après avoir visité, depuis ma dernière dépêche, Philadelphie, New-Port, Providence et Boston.

Partout même enthousiasme, même sentiment de reconnaissance envers la France.

Hier, magnifique réception de la colonie française de New-York.

Notre mission continue dans les meilleures conditions.

Discours à San-Francisco.

30 NOVEMBRE 1887.

A San-Francisco, à la suite d'un banquet offert par les membres de la colonie française de cette ville, M. Gustave Touchard, doyen de la colonie, a souhaité la bienvenue au nom de tous nos compatriotes aux officiers de l'armée française, dignes descendants de ces braves qui, il y a un siècle, ont franchi les mers afin de venir combattre pour l'indépendance américaine.

M. le Général Boulanger a répondu au toast de M. Touchard :

MESSIEURS (laissez-moi vous dire mes chers amis), puisque c'est à moi qu'est échue la tâche si douce de répondre à l'honorable M. Touchard et de vous remercier tous de cette charmante soirée, je profite avec empressement de cette occasion pour vous dire qu'en arrivant à San-Francisco nous étions bien sûrs du bon accueil que vous nous réserviez.

Mais jamais, nous qui venions d'être fêtés dans toutes les grandes villes des États-Unis et qui ne sommes que les obscurs représentants de notre beau et grand pays, nous n'aurions espéré recevoir un accueil aussi sympathique, aussi chaleureux, en un mot, aussi fraternel.

Je veux aussi profiter de cette occasion pour vous remercier et vous louer de ce patriotisme si pur que nous avons pu surprendre dans les conversations particulières que nous avons pu avoir avec quelques-uns d'entre vous, de ce patriotisme qui sait faire vibrer vos cœurs au seul nom de la France, notre mère chérie à tous.

Votre patriotisme à vous, membres de la colonie française de San-Francisco, nous le connaissons de longue date. C'est lui qui vous a poussés en 1870, au milieu de nos désastres, à offrir non seulement des sommes considérables, mais aussi la poitrine d'hommes dévoués et de nobles cœurs à la France épuisée.

Je ne saurais mieux, moi indigne, vous récompenser de votre patriotisme qu'en me souvenant des paroles que vient de chanter cet Orphéon (jeune par l'âge, mais ancien par le talent et j'ajouterai par la modestie), et en vous disant ce que j'ai déjà dit à bien des Français d'Amérique et ce qu'il faut dire bien haut à tous les cœurs réellement français :

Notre armée, après des désastres sans précédents dans l'histoire, et l'histoire dira si ces désastres elle les avait mérités ; notre armée, dis-je, est aujourd'hui complètement unie et confiante dans ses chefs. Elle ne fait qu'une chose : elle travaille et se prépare pour le jour où la France aura besoin d'elle.

Ce jour-là, la patrie n'aura plus besoin, je l'espère, j'en suis convaincu, nous en sommes tous convaincus, ni de votre sang, ni de votre or, à vous Californiens français; elle ne demandera qu'une chose, c'est que vous applaudissiez à ses succès, et vous n'y manquerez pas !

Je vous demande pardon de me laisser entraîner par le sujet. Mais où pourrait-on épancher son cœur mieux qu'avec des amis ? Du reste, qu'on le sache bien, la France ne veut attaquer et ne menacer personne. Mais, aujourd'hui elle est assez forte pour ne pas permettre qu'on la moleste ou qu'on l'insulte, et pour ne rien souffrir qui porte atteinte à sa dignité et à son honneur.

Mes amis, je lève mon verre et je vous prie de lever le vôtre. Je bois à la France, et je ne saurais vous faire un plus grand honneur qu'en associant votre nom à celui de la mère-patrie.

Donc : A la France et à la colonie française de San-Francisco.

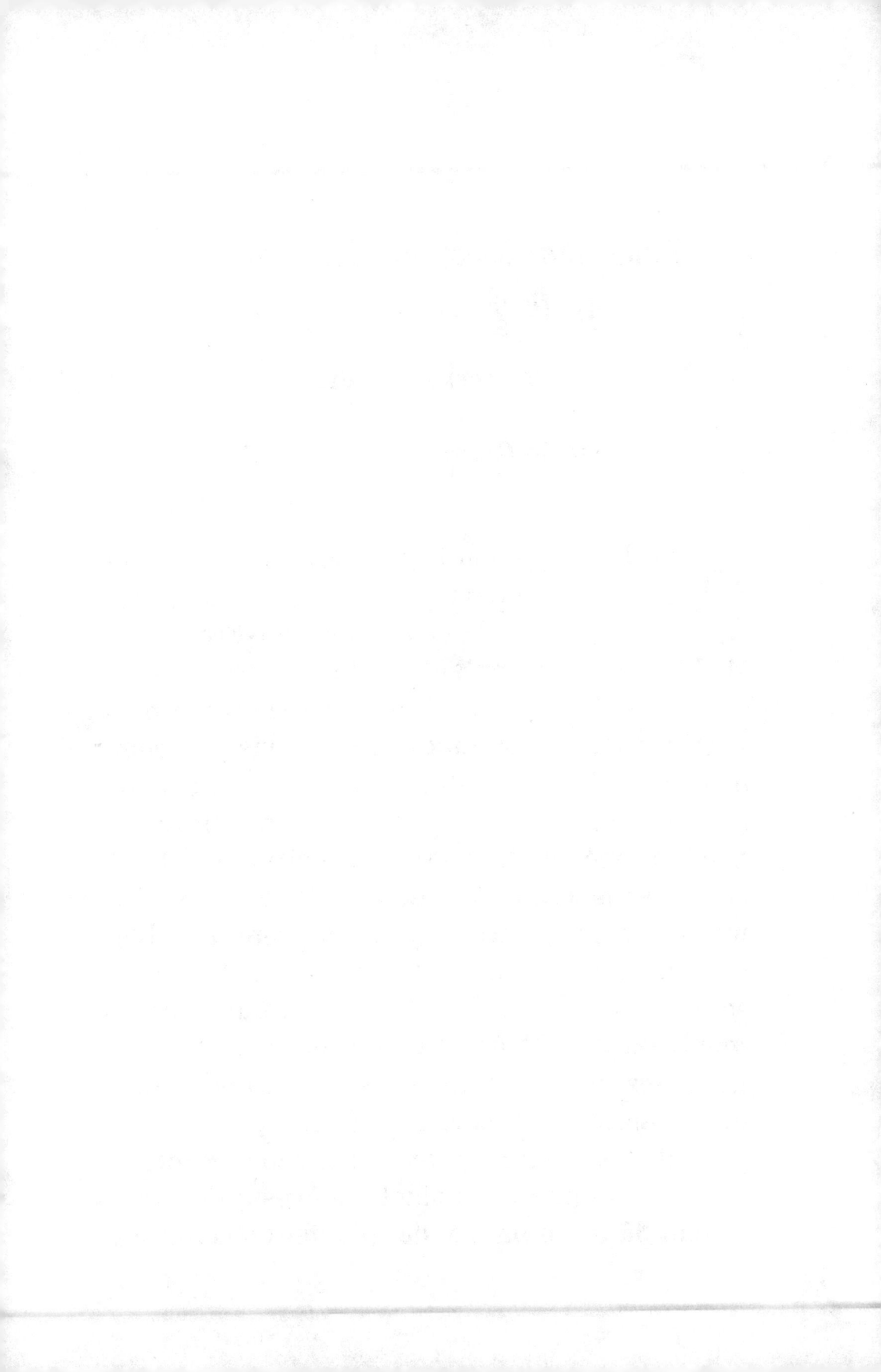

Visite aux écoles de San-Francisco par la Mission française.

2 DÉCEMBRE 1881.

(Extrait du *Courrier de San-Francisco*.)

HIER, la délégation française a visité pendant une grande partie de la journée les principales écoles de la ville de San-Francisco. M. Daniel Lévy, président de la Ligue nationale, qui accompagnait ces messieurs, a présenté la délégation aux chefs. La visite a commencé par l'école des garçons, Lincoln School, dont M. Wilson est le principal. La délégation a été frappée de la bonne disposition des lieux et de l'ensemble. Beaucoup d'air et de lumière; partout une propreté remarquable; chaque élève a son banc et son pupitre pour lui seul autour desquels on peut circuler facilement. Dans cette école on enseigne non seulement les connaissances usuelles, mais aussi des exercices corporels qui ont été exécutés devant les visiteurs avec beaucoup d'intelligence et de précision par les élèves qui se trouvaient là au nombre de plusieurs centaines.

4

On a surtout remarqué les dessins faits par ces artistes de treize ans.

La délégation s'est ensuite rendue à l'École supérieure des jeunes filles de la rue Bush (Girls-Hish School). Là, la visite fut plus intéressante encore. L'École est placée sous la direction de M. John Sweet, ancien surintendant des Écoles publiques de l'État, titre équivalent à celui de ministre de l'instruction publique. M. Sweet en a fait visiter les différentes classes dans tous leurs détails, depuis l'école de chant jusqu'à l'école normale. Les nobles visiteurs ont été charmés de tout ce qu'ils ont vu ; tout est propre, bien disposé, largement établi, et l'on peut dire qu'ils sont tombés d'enchantement en enchantement.

A chaque classe, M. le Général Boulanger adressait un petit speech de circonstance qui était aussitôt traduit par M. Daniel Lévy. Il a dit, entre autres choses, à ces jeunes filles que la délégation française était venue en Amérique, envoyée par le Gouvernement français à la demande du Gouvernement des États-Unis, afin de célébrer la grande victoire finale d'où est née l'indépendance, et pour unir à nouveau, comme il y a cent ans, les liens qui unissaient alors les deux pays. « Nous vous demandons, Mesdemoiselles, leur dit-il, de vous souvenir de notre passage ici, et de travailler comme nous à resserrer de plus en plus les liens d'une

amitié sincère entre ces deux grands peuples :
l'Amérique et la France. »

Pour chaque école, M. le Général Boulanger
avait quelques bonnes paroles. Il fallait voir
ces jeunes filles attentives à l'écouter, et à ses
fines réparties sourire de ce beau sourire franc
et enjoué qui caractérise les jeunes filles de la
Californie américaine. Enfin, d'enchantement
en enchantement et d'école en école la délégation est arrivée au point culminant, là où un
vaste assemblage de jeunes filles prenaient
leur leçon. C'était une double classe, et des
plus jolies, des plus avancées en grâce et en
instruction. Cela se voyait à leur visage frais
et rose, où leur vive intelligence pétillait. C'est
à ce point qu'elles devaient séduire toute la
délégation.

Aussi braves qu'ils soient sur les champs de
bataille, M. le Général Boulanger et son état-
major ne pouvaient guère résister à de pareils
charmes. Il vint un moment où, entraîné par
les circonstances, le Général s'écria : « Mesdemoiselles, j'avais bien entendu dire que la Californie produisait des fleurs et des fruits pendant
toute l'année. J'en doutais, mais je n'en doute
plus depuis que je vous vois, car vous êtes
vous-mêmes plus belles que les plus belles
fleurs. »

Jugez de l'effet ! — Ce fut comme un courant
électrique. Toutes se sont levées et ont entouré

le Général. Elles ne voulaient plus le laisser partir et elles ont failli enlever de force la délégation. C'est alors que chacune de ces charmantes jeunes filles lui a présenté un morceau de papier blanc, de l'encre et une plume, afin qu'il y apposât son nom, et il signait *Général Boulanger, of the French Army.*

Et puis, une signature n'était pas assez pour elles, elles en voulaient d'autres, elles les voulaient toutes, elles les comptaient! Et puis, quand le Général leur eut présenté M. de Noailles, puis M. de Beaumont, en leur disant que M. de Beaumont était le petit-fils de Lafayette, oh! alors, il y eut comme un *rush*, une sorte d'avalanche.

Et quand M. de Beaumont leur eut dit : « *Ah! mesdemoiselles, si ma mère était là, elle vous bénirait!* » il n'y eut plus moyen de résister, et il a bien fallu que nous signions tous et que j'appose aussi mon modeste nom au-dessous des grands noms de l'histoire de France et d'Amérique.

Et pendant une heure entière le Général Boulanger signa tous ces petits papiers, lui et les membres de la délégation qui étaient présents.

Il faut cependant se quitter. C'est ce matin, à neuf heures, que nos nobles hôtes partent. Ils vont prendre le chemin de fer du Sud. En quelques jours, grâce à la science et à l'industrie, ils vont franchir d'immenses étendues de pays que la vie d'un homme suffisait à peine à traverser autrefois. C'est le progrès qui a transformé ces déserts et qui crée chaque jour un monde nouveau.

Les vœux les plus ardents de la colonie française vous accompagnent, Messieurs, et ils vous suivront jusqu'à votre arrivée sur la terre natale, où vous redirez les merveilles et les bienfaits de la liberté quand elle a l'ordre pour base et le respect des lois au sommet.

Discours à la Nouvelle-Orléans

ÉTATS-UNIS (Louisiane).

22 DÉCEMBRE 1881.

Aux fêtes données à la Nouvelle-Orléans en l'honneur de la mission française, le général Boulanger a répondu au discours prononcé par M. Grand, président de la Chambre de Commerce :

MONSIEUR LE PRÉSIDENT,

PARTOUT où j'ai rencontré des Français aux États-Unis, j'ai été frappé d'un fait : L'honnêteté de nos nationaux est proverbiale.

Ils cherchent la fortune par des voies lentes, mais droites, et ceux qui ne réussissent pas à y arriver conservent du moins l'honneur d'une réputation pure.

Je vous félicite, Messieurs, de garder ainsi à l'étranger la réputation de la France.

Modeste représentant de notre armée, je ne sais si j'ai qualité pour être écouté par les chefs du gouvernement. Je serai, en tout cas, heureux de transmettre à mon chef direct, le ministre de la guerre, l'expression des vœux que vous avez formulés devant moi, pour la

création d'un consulat général, et la promotion
de M. d'Abzac à un grade supérieur. J'ai pu
apprécier l'importance des intérêts français à
la Nouvelle-Orléans, l'avenir de votre beau
pays et les efforts constants de notre consul
pour le bien de tous.

Discours à Montréal (Canada).

3 JANVIER 1882.

Le 3 janvier 1882, la mission française, après son
retour de Québec et avant son départ définitif pour
New-York et la France, se rendait à Montréal où les
citoyens de cette ville ont voulu lui offrir un déjeûner.

L'élite de la société s'était empressée de répondre à
l'invitation du comité de réception, et les convives
représentaient dignement toutes les classes, depuis la
politique, la magistrature et la milice, jusqu'aux
professions, à la finance et au haut commerce.

Après de chaleureux discours et des toasts portés à
la France et aux hôtes des citoyens de Montréal, le
Général Boulanger répondit par un discours des plus
éloquents et des plus sympathiques. Il remercia cha-
leureusement les citoyens de Montréal pour l'accueil
fait aux délégués français, accueil qui l'avait ému
autant que charmé.

En sortant des États-Unis, où des fêtes
splendides nous ont été données, nous
savions que nous venions ici dans un pays où
les vieilles coutumes, les vieilles mœurs, la
langue de la France étaient bien conservées.
Mais, franchement, je puis vous déclarer, en
mon nom comme au nom de mes compagnons,

nous n'aurions jamais osé rêver ce que nous avons vu. Nous avons trouvé non seulement des descendants de Français, mais de véritables Français. (Applaudissements.) Je le répète, de véritables Français, qui, dignes de leurs pères chevaleresques, ont su allier l'amour qu'ils portent à la vieille France avec la loyauté qu'ils doivent à la reine Victoria, leur noble Souveraine — pour laquelle, je puis le dire ici, le Président de la République Française professe la plus vive estime et le plus grand respect.

A propos de la France, Messieurs, on a pu vous dire que votre ancienne mère-patrie, après les désastres d'il y a dix ans, se relevait mal. Eh! bien, Messieurs, à qui vous dira cela à l'avenir, vous pouvez répondre hardiment : *c'est faux.* (Applaudissements.) Les désastres soufferts par la France, il est vrai, ont été terribles ; mais la France s'est recueillie, elle a travaillé, et le temps n'est pas éloigné où elle reprendra le rang et le rôle qu'elle a remplis dans le passé, pour la gloire et l'honneur de l'humanité. (Applaudissements.)

La France ne veut attaquer personne. Mais aujourd'hui, grâce à son travail, grâce à son économie, grâce à la reconstitution de son armée, grâce à tout cela, la France n'a plus peur de personne. Elle est en état de faire tête à quelque ennemi que ce soit. Tout en ayant

une politique de paix, elle ne veut plus aujour-
d'hui, qu'un étranger quelconque puisse
l'insulter. (Applaudissements.)

Je suis heureux, de voir comme vos cœurs
vibrent au seul nom de la France, notre chère
mère-patrie à tous. Quelque courte qu'ait
été notre visite, nous n'oublierons jamais,
Messieurs, ce que nous avons vu chez vous,
et laissez-nous exprimer notre espérance de
voir s'étendre de plus en plus à l'avenir les
relations qui viennent de se renouer entre la
France et son ancienne colonie.

En terminant, permettez-moi de porter une
autre santé, qui n'est pas sur le programme,
de porter une santé au Canada, à votre noble
pays, aux Canadiens-Français, à la belle cité
de Montréal qui nous fait l'honneur de nous
recevoir. (Applaudissements prolongés.)

NOTA. — Nos lecteurs remarqueront que le même esprit de paix
et de grandeur de la France, présidait au discours prononcé à Montréal,
en 1881, comme il a présidé, avec plus d'énergie, à celui prononcé à
l'Hippodrome en 1886, c'est-à-dire 5 ans après.

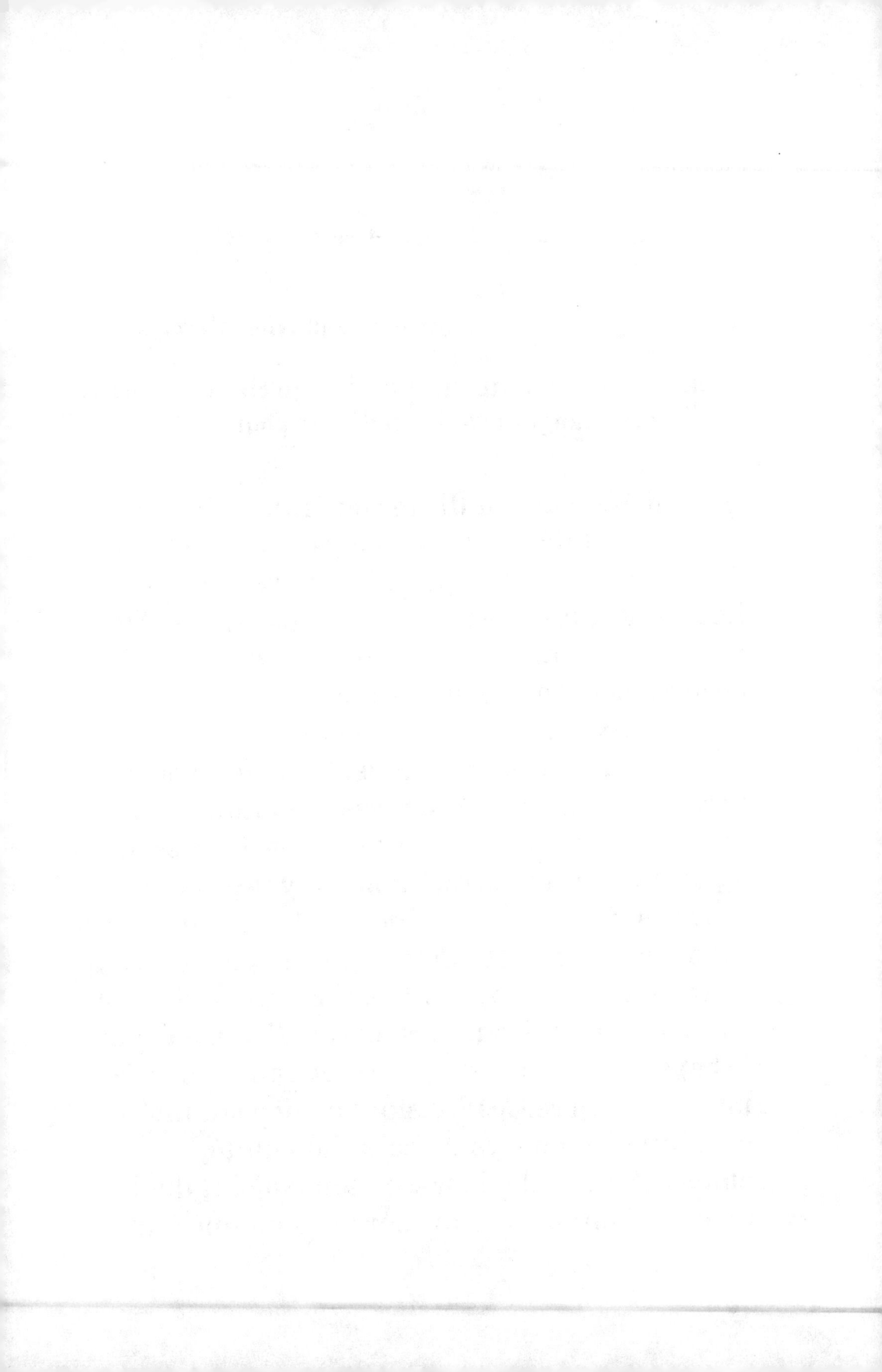

Extrait du journal « La Tribune ».

Montréal, 3 janvier 1882.

La *Tribune* rapporte un entretien qu'elle a eu avec le Général Boulanger avant son départ pour la France.

IL est étonnant, a dit le Général, combien, au moment de quitter ce pays, on a des idées différentes de celles qu'on avait avant d'y venir. Les États-Unis sont un grand pays, les Américains un grand peuple, tous deux destinés à devenir beaucoup plus grands.

— Qui vous fait penser cela ?

— Les ressources inépuisables du pays et le caractère particulier de ses habitants. Nous avons voyagé dans le nord et l'ouest, la section agricole je peux dire, et nous y avons vu de grandes fermes qu'on ne peut pas apprécier sans les avoir vues. Cette seule section ferait la grandeur d'une nation. Nous avons visité ensuite la région des mines et le *Far West*, puis le pays du coton et du sucre, et enfin les États manufacturiers. Ces divisions n'ont pas d'intérêts communs en dehors de celui de l'unité, et chacun s'efforçant de dépasser son voisin, du moment où l'on touche une corde commune à tous, le peuple entier se lève comme un seul homme, prêt à soutenir la nation.

— Avec ce trait caractéristique, pensez-vous qu'il faudrait entretenir une grande armée permanente ?

— Nullement. Les États-Unis n'ont pas besoin d'une grande armée permanente, mais ils ont besoin d'améliorer un peu ce qu'ils ont. L'armée par exemple, à ce que je pense, a nominalement 25,000 hommes, mais en réalité seulement 17 à 18 mille simples soldats. Le reste se compose de quartiers-maîtres, hommes de service des signaux et autres digressions, on pourrait dire, de l'effectif combattant régulier. Je crois que le nombre des simples soldats combattants devrait toujours être de 25,000. En cas de guerre, ce serait, un noyau suffisant. Les officiers sont intelligents, instruits, bien élevés, connaissant et faisant bien leur affaire. Je crois votre tactique bonne. C'est exactement celle que le gouvernement français a adoptée en 1862.

— Avez-vous vu beaucoup des officiers américains les plus distingués ?

— Oui, j'en ai vu plusieurs dont les noms sont bien connus en France. Nous avons été reçus partout avec une courtoisie extrême. Voici un télégramme du Général Sherman de Washington, 27 décembre : « Je suis revenu de l'ouest la nuit dernière, et je viens d'apprendre à la légation française que vous êtes à New-

York, en route pour le Canada, et que vous devez bientôt retourner chez vous. Je regrette beaucoup ne point vous avoir revu, car vous auriez pu me donner la précieuse impression de vos observations dans le grand ouest et des attentions que vous avez reçues des autorités militaires. On me dit que vous avez été content de vos voyages. J'espère que vous reprendrez votre commandement en France avec un nouveau zèle pour notre glorieuse profession et que vous garderez le meilleur souvenir de vos camarades de ce côté de l'Atlantique.» Il n'est pas possible d'être plus chaleureux. En réalité je ne saurais trop me louer de l'obligeance qui nous a été témoignée par chacun.

— Avez-vous inspecté les fortifications du pays?

— Les États-Unis ont les meilleures fortifications naturelles du monde, et ils n'ont pas besoin d'une armée permanente pour les défendre. Il en est particulièrement ainsi du port de San-Francisco, qu'on ne pourrait souhaiter meilleur au point de vue tant militaire que commercial. Avec ces fortifications naturelles et les admirables organisations de milice du pays, le peuple n'a rien à craindre de l'avenir.

Le Général Boulanger a ajouté :

— J'ai trouvé tous mes compatriotes prospères, contents, satisfaits de leur condition, mais ayant universellement le désir de retourner chez eux quand ils auront gagné quelque argent.

— Pensez-vous que l'Amérique offre des placements sûrs aux capitaux français ?

— Il me semble que oui. Avec du jugement on peut trouver de bonnes sécurités rapportant un intérêt rémunérateur.

— Votre visite au Canada a-t-elle été agréable?

— Tout à fait. Chacun semblait craindre de ne pouvoir faire assez pour nous. Les Canadiens forment la nation la plus satisfaite de son sort qu'on puisse voir ; ils sont loyaux et heureux. Je n'en ai pas entendu un seul parler de séparation de la mère-patrie ou d'annexion aux États-Unis.

Avant de partir, le Général Boulanger a dit à M. de Pierre, du Consulat français :

Je suis très fâché de quitter l'Amérique, où mes compagnons et moi avons été reçus d'une façon si cordiale et hospitalière. J'emporte en France les plus agréables souvenirs de mon séjour aux États-Unis. Nous sommes très reconnaissants aux citoyens de New-York de leur obligeance envers nous, et n'avons qu'à nous féliciter d'être venus participer à la célébration de Yorktown.

Discours au Prytanée de La Flèche.

24 DÉCEMBRE 1882.

—

REMISE DU DRAPEAU.

—

Afin de répondre aux marques d'intérêt données à votre Prytanée, travaillez, jeunes gens, travaillez encore, travaillez toujours; travaillez pour que vos familles soient fières de vous; travaillez pour pouvoir rendre d'utiles services à la République, qui attend votre jeune génération avec une légitime impatience, mais aussi avec la plus grande confiance. Vous êtes d'ailleurs entre bonnes mains. M. le colonel Cadet, placé récemment à votre tête, a su faire apprécier la sage et intelligente direction qu'il a imprimée à votre École. Il continuera à développer votre esprit militaire, il vous fera respecter et aimer nos institutions, il vous rappellera que vos aînés ont donné sans marchander leur sang pour le pays.

Car vous êtes tous, ou presque tous, fils d'officiers ou de fonctionnaires de l'État, envers lequel vous avez contracté une sorte d'engagement d'honneur, et si nous allons vous chercher au sein de la jeunesse française, ce n'est pas tant pour venir en aide à vos parents que parce que nous savons trouver en vous de jeunes âmes habituées dès le premier âge à tous les sacrifices, mais aussi à toutes les noblesses de notre pauvreté militaire.

Apportez dans cette enceinte les douces leçons puisées dans vos familles et rendez-vous dignes d'elles par vos sentiments délicats et élevés ; renoncez, enfants de la fin du dix-neuvième siècle, renoncez à ces habitudes quasi-barbares, qui ont pris naissance dans ces temps grossiers, où la force semblait supérieure au droit, et où il fallait bien brimer l'enfant, pour dresser l'homme à la dure bri-made du despotisme.

La Flèche a eu son drapeau jusqu'en 1880... Je viens vous le rendre.

Il fallait bien, en effet, que vous eussiez votre 14 juillet, cette grande et belle journée, où, en 1880, tous les cœurs français battaient à l'unisson, alors que le vénéré Président de la République française remettait à chaque corps son étendard, et que nous jurions tous de tout sacrifier, existence et intérêts, pour le défendre et le rendre glorieux.

Et ne vous y trompez pas, mes chers cama-rades, ne croyez pas que vous n'aurez pas à le défendre ce drapeau que je vous remets aujourd'hui, car il vous suivra dans vos pensées sur les champs de bataille de l'avenir. Chacune de vos actions d'éclat viendra se refléter sur ce noble emblème dont vous emporterez l'image en vos cœurs.

Lorsqu'un de nos vaillants bataillons de chasseurs a conquis, dans une expédition lointaine, la croix pour son drapeau, on la vient attacher cette croix, au drapeau de l'arme, qui ne peut suivre chacun des bataillons, mais qui reste solidaire de leur gloire, et assiste, témoin invisible, à tous leurs combats.

Ce n'est pas seulement, sachez-le bien, pour le drapeau du régiment que tant de braves se sont fait tuer, c'est pour le Drapeau de la France. Et ce sera le vôtre !

Regardez tous le drapeau du Prytanée ; de l'autre côté, deux mots seuls sont inscrits :

HONNEUR ! DISCIPLINE !

De bravoure, il n'en est pas question ; s'adressant à des Fléchois, le mot était superflu, la bravoure, d'ailleurs, cette vertu facile, vos pères vous l'ont appris, ne comporte qu'une faible partie du grand devoir militaire !

Honneur, Discipline, telle est la loi du soldat. L'honneur, c'est le sentiment qui doit dominer tous les actes de notre vie, c'est la vertu qui élève les cœurs et qui fait les vrais héros.

La discipline, sous ses formes austères, n'est pas aussi terrible qu'on veut bien le dire, vous la retrouverez paternelle au régiment comme ici. Vous aurez tous à la subir et à l'imposer, vous reconnaîtrez alors qu'elle constitue un des anneaux indestructibles de notre hiérarchie militaire, en même temps qu'elle est un des plus puissants leviers des armées, qui sans elle fondraient au premier vent d'orage.

Colonels, officiers, professeurs, élèves du Prytanée, au nom du Président de la République, au nom du Ministre, je vous remets votre drapeau, je vous le confie, je le confie en même temps aux mânes de tant de braves soldats sortis de cette École et restés sur tant de champs de bataille ; je le confie à la mémoire des soixante-six officiers Fléchois qui ont succombé pendant la guerre de 1870 !

Encore un mot pour terminer, mes jeunes amis, un mot qui s'adresse spécialement à vous : Ayez toujours désormais les yeux fixés sur cet emblême et vous fournirez à notre chère patrie des hommes capables d'enrichir un jour le patrimoine de nos gloires nationales.

Vous vous préparerez, en effet, de la sorte une existence virile, vous répondrez à la confiance que la France, que la République met en vous, car vous aurez grandi à l'ombre du drapeau, du « drapeau tricolore », ce grand semeur de nos libertés, dont la graine féconde, généreusement répandue par lui, germe aujourd'hui dans le monde entier.

Ordre à l'armée.

LE président de la République me fait le grand honneur de m'appeler au Ministère de la Guerre.

C'est avec confiance que j'accepte cette haute mission, persuadé de trouver à tous les degrés de la hiérarchie, quels qu'ils soient, un concours absolu, basé sur les sentiments de devoir, d'obéissance et de dévouement au pays dont l'armée ne cesse de donner tant de preuves.

Nous poursuivrons avec énergie, en marchant dans la voie tracée par mes éminents prédécesseurs, ce travail de rénovation militaire auquel nous nous consacrons depuis quinze ans.

Vive la France !
Vive la République !

Paris, le 8 janvier 1886.

Le Ministre de la Guerre,

Général BOULANGER.

Réponse du Général Boulanger
à M. Ballue, Député,
sur le retrait des lois militaires.

3 AVRIL 1886.

Bien que ce qui suit sorte de notre cadre, nous avons tenu à le mettre sous les yeux de nos lecteurs afin de leur faire mieux comprendre que tous les actes du Général Boulanger n'avaient qu'un seul but, le relèvement de l'armée.

A la Chambre des députés, dans la séance du 3 avril 1886, M. Ballue interpellait le Ministre de la Guerre sur le retrait des lois militaires.

Le Général Boulanger a répondu en ces termes :

MESSIEURS, la question qui vient de m'être adressée m'oblige à exposer devant vous, un peu prématurément, la pensée qui m'a guidé dans le retrait au Sénat des deux lois sur le recrutement de l'armée et sur l'armée coloniale.

Je dis « un peu prématurément », car je ne comptais vous exposer cette pensée que quand je déposerais, très prochainement, c'est-à-dire dans le courant du mois prochain, sur le bureau de la Chambre, les nouveaux projets ; mais, en présence de l'émotion qui vient d'être signalée par l'honorable M. Ballue, je crois de mon devoir de vous faire connaître, sinon le plan général, du moins l'esprit dans lequel ces projets ont été conçus.

Permettez-moi tout d'abord, Messieurs, de répondre à une préoccupation qui a surgi depuis quelques jours dans le public, dans la presse, et même chez quelques membres de cette Chambre.

On a cru voir dans le retrait des projets en question, en même temps qu'une certaine critique des travaux de l'ancienne Chambre, l'ajournement de lois tant de fois mises et remises sur le chantier. Eh bien, je puis vous l'affirmer, il n'en est rien. Si l'on veut trouver la vérité, c'est le contraire de cette assertion qu'il faut retenir.

Et, en effet, Messieurs, je n'aurais jamais oser provoquer cette grave mesure si je n'avais été certain d'être soutenu par une Chambre animée comme moi de l'ardent désir d'aboutir et de doter enfin la nation et l'armée de lois si impatiemment attendues.

Mais, après mûres réflexions, j'ai reconnu l'impossibilité absolue, — et j'appuie sur ces mots, — l'impossibilité absolue de soutenir avec l'autorité nécessaire devant le Sénat deux lois fondamentales qui n'avaient pas été votées par la Chambre actuelle, au moment même où j'allais déposer sur le bureau de cette Chambre trois autres lois complémentaires des premières. Je suis persuadé que bien souvent une délibération du Sénat serait fatalement venue se heurter contre une délibération prise par la Chambre sur une proposition connexe, contenue dans une autre loi. De votre côté, vous-mêmes, Messieurs, n'auriez pu donner toujours à une idée féconde tous les développements qu'elle comporte, dans la crainte d'entraver les travaux de l'autre assemblée.

Voilà les considérations qui m'ont guidé.

En effet, nos lois militaires ont entre elles une entière connexité. C'est ainsi que la loi sur le recrutement et la loi des cadres, sont tellement liées l'une à l'autre, qu'il est complètement impossible, si l'on veut arriver à un résultat pratique, de les discuter séparément. Ce que je dis de la loi de recrutement et de la loi des cadres, je pourrais le dire de la loi sur l'avancement, qui est si vivement réclamée, vous le savez, de la loi sur l'armée coloniale, fortifiée, comme je compte le faire, par un recrutement spécial. Enfin d'une loi sur les sous-officiers, loi qui intéresse si profondément l'avenir de notre armée nationale.

Je crois que c'eût été se contenter d'une satisfaction bien platonique que de venir vous demander de voter séparément, une à une, chacune de ces lois, sans vous mettre à même de leur donner un caractère d'harmonie qui en assurera la durée, la stabilité.

Voulez-vous me permettre un détail qui ne vous retiendra qu'un moment et qui vous fera mieux saisir ma pensée ?

Avec les lois nouvelles, outre certaines adjonctions, telles que l'instruction des soutiens de famille, la taxe militaire, etc., — je pourrais en citer d'autres — je compte vous apporter une économie qui se chiffrera par une somme annuelle de 12 millions peut-être et de 10 millions certainement.

Serait-il possible de réaliser pareille économie sans apporter une complète unité de vues dans l'étude des détails ? Je ne crois pas. Du reste, Messieurs, ces lois ne sont-elles pas déjà faites dans vos esprits, dans vos volontés ? Vous savez parfaitement, à l'heure où je parle, quelles sont celles de leurs dispositions que vous repousserez, quelles sont celles, au contraire, auxquelles vous ferez bon accueil.

Je crois avoir répondu à la question que m'a posée l'honorable M. Ballue ; il ne me reste plus qu'à vous indiquer d'un mot de quels principes je me suis inspiré en élaborant les lois nouvelles. Ces principes ne pouvaient être que ceux qui nous sont chers à tous, et qui ont été consacrés par l'ancienne Chambre, c'est-à-dire l'abolition des privilèges, réclamée par l'opinion et l'équité... la réduction de la durée du service au minimum indispensable pour assurer la sécurité nationale... en un mot l'égalité parfaite de tous les citoyens devant le devoir militaire.

D'ailleurs, Messieurs, ces principes ne peuvent être autres que ceux qui guideront toujours un gouvernement et un ministre de la guerre sincèrement patriotes et républicains.

Ces paroles ont été saluées d'applaudissements répétés et M. Ballue a remercié le Ministre de ses déclarations.

Discours à l'École militaire de Saint-Cyr.

8 MAI 1886.

Après la visite au manège et à la carrière, le Ministre a réuni les élèves en armes et le personnel dans la cour de Wagram et a prononcé l'allocution suivante :

MESSIEURS les instructeurs et professeurs et vous, élèves du 1er bataillon de France, mes jeunes camarades, je viens, au nom du gouvernement de la République, décerner des récompenses bien méritées et dont l'École entière se trouvera honorée.

Je tiens, avant de vous quitter, à vous exprimer toute ma satisfaction.

Je suis heureux de constater l'état florissant de votre École et de pouvoir vous dire quelle excellente impression j'emporte de ma visite à Saint-Cyr.

Dans l'examen des détails, j'ai pu apprécier l'harmonie des principes et des méthodes, la direction pratique imprimée aux études et surtout l'impulsion vigoureuse qui vient d'être donnée à l'instruction militaire proprement dite par l'honorable général, mon ami, que j'ai placé à votre tête. Il convient, en effet, de ne pas perdre de vue qu'avec la réduction de la durée du service, réduction qu'impose sans discussion la stratégie moderne, le rôle de l'officier est, avant tout, un rôle d'instructeur. Avant de songer à la conduite des armées, il faut savoir dresser, façonner, éduquer le soldat, cet humble élément de force si souvent incompris et qui devient un merveilleux et puissant instrument de précision entre des mains expérimentées et au contact de chefs possédant des sentiments élevés.

N'oubliez jamais, jeunes gens, que les armées ont un cœur, comme elles ont une tête, et que l'éducation du soldat doit être intimement liée à son instruction.

Ouvrez largement vos esprits aux idées de votre siècle, laissez-vous pénétrer de ce souffle de progrès qui va porter si loin et si haut votre génération privilégiée.

Préparez-vous à cette haute mission de l'armée d'aujourd'hui, qui groupe autour d'elle, pour la patrie, toutes les bonnes volontés et tous les dévouements de notre généreux pays.

Au revoir, mes chers camarades ; je voudrais rester plus longtemps au milieu de vous, car ce n'est pas sans émotion que je me retrouve dans cette École où j'étais élève il y a trente ans, où j'étais capitaine il y en a vingt et il me semble

que c'est hier que je l'ai quittée pour aller faire
la guerre, courir le monde à la suite de ce cher
drapeau tricolore dans les plis duquel se ca-
chent nos rêves d'avenir, de ce drapeau que nous
devons chérir d'autant plus qu'il a connu des
jours de deuil après tant de jours de gloire.
Mais ces jours de gloire, il les retrouvera,
j'en ai plus que jamais la ferme conviction
depuis que j'ai pu constater vos sentiments si
élevés de patriotisme, depuis que j'ai pu lire,
dans vos yeux, la noble devise qui doit guider
tout officier vraiment digne du nom Français :
« Tout pour la France ! »

Puis, au milieu d'une émotion indescriptible, le
Ministre, l'épée à la main, a distribué lui-même plusieurs décorations et donné l'accolade aux nouveaux
légionnaires.

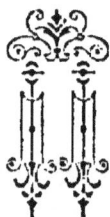

Discours à l'École Polytechnique.

10 MAI 1886.

Le Ministre de la Guerre, après avoir visité l'École dans tous ses détails, s'est adressé en ces termes aux élèves :

MESSIEURS, je suis enchanté de ma visite à votre École.

Je savais à l'avance que je n'aurais qu'à constater une situation excellente, tant au point de vue de l'enseignement qu'à celui de la tenue générale et de la discipline : mais j'emporte la satisfaction, Élèves de l'École polytechnique, d'avoir pu me rendre compte par moi-même que l'esprit qui vous anime est toujours celui de vos sympathiques devanciers... que les craintes exprimées parfois depuis quelques années au sujet d'influences délétères et d'un autre âge qui se seraient fait sentir jusqu'au sein de votre libérale École, étaient de vaines craintes, et que vous êtes toujours ces fiers jeunes hommes qu'une légitime popularité a placés à l'avant-garde de trois générations.

Vous êtes les délégués de la jeunesse, de la jeunesse studieuse, sans distinction de classes...

Vos rangs se doivent donc ouvrir aussi larges que possible à tous ceux qui semblent marqués pour apporter une pierre à l'édifice de la science et du progrès.

C'est dans cet ordre d'idées que tout dernièrement, sans toucher à vos examens de sortie, j'ai pris, en assimilant pour l'admission le baccalauréat de l'enseignement secondaire spécial au baccalauréat ès-sciences, une mesure qui tout d'abord a étonné, mais dont vous avez promptement saisi la portée vraiment démocratique et conforme à l'esprit, aux traditions, aux véritables intérêts de l'École.

Nous sommes revenus ainsi, en les améliorant, aux dispositions libérales d'avant 1852, qui ont permis à des natures exceptionnellement douées d'atteindre, sans posséder tous les titres universitaires, aux plus hauts sommets des sciences mathématiques ou physiques.

Je n'insiste pas davantage, afin de ne pas blesser la modestie de l'un des savants que vous comptez en ce moment parmi vos professeurs.

L'École polytechnique a été créée par une loi de la Convention nationale. Vous êtes donc les premiers-nés de notre grande Révolution et vous n'avez pas été des fils ingrats.

Nous vous avons toujours trouvés, en effet, la poitrine découverte, combattant au premier rang, soit que l'on voulût porter une main coupable sur les droits de la nation, soit que l'étranger eût envahi le sol sacré de la France. Vos parrains : Monge, Prieur, Carnot, avaient compris que de grandes choses se préparaient et, jugeant de l'évolution de la science par l'évolution de la pensée, devinant le XIXe siècle, ils vous ont légués à ce siècle de la vapeur et de l'électricité.

Cette admirable institution polytechnique a répondu au delà même de leurs espérances et nous lui devons, en grande partie, la place occupée par le pays dans le mouvement scientifique de notre époque.

Continuez, Messieurs, sous la haute direction de l'honorable général qui vous commande et de vos si éminents professeurs, continuez l'œuvre de vos maîtres, et, quelle que soit la voie que vous ouvrent vos études, songez toujours que par la plume, par le compas ou par l'épée, vous êtes les pionniers du progrès et que vous travaillez pour la grandeur de notre chère Patrie.

Discours à l'École militaire de Fontainebleau.

Le Ministre après avoir visité l'École d'application s'est rendu au polygone d'artillerie accompagné de tout le personnel, des officiers et officiers élèves.

Il a prononcé les paroles suivantes :

JEUNES officiers, vous êtes entre les mains de très savants professeurs, dont je me plais à reconnaître le mérite; les efforts que vous faites répondent à leur attente et à la mienne.

Mais permettez-moi de manifester devant vous une crainte : je suis effrayé de la somme d'études que vous avez déjà fournies et de celles qu'il vous reste à accomplir pour que l'on puisse obtenir ce que l'on attend de vous, c'est-à-dire former à la fois des ingénieurs et des officiers.

Devant les progrès de toutes les sciences et de tous les arts, vous serez peut-être écrasés sous un tel fardeau. Je crois, en conséquence, qu'il faut songer à revenir au principe des spécialités. Mais c'est un projet qui ne peut pas se réaliser du jour au lendemain, sans une étude approfondie de la question.

Il termine en disant que le pays avait droit de compter deux fois sur eux.

La croix de commandeur de la Légion d'honneur a été remise, séance tenante, au Général Coste, commandant l'École d'application. Le Ministre, en rappelant les longs services, les campagnes, et la brillante blessure de cet officier général, qui est un chef libéral, ferme et aimé de tous ses subordonnés, a produit, dans le cœur de tous les officiers de l'École une impression bien douce et bien profonde.

Après avoir remis la croix de chevalier à M. le capitaine du génie Lacroix et la médaille militaire à l'adjudant Belle, le Général Boulanger s'est de nouveau tourné vers les officiers pour leur affirmer qu'il ne leur disait pas adieu, mais au revoir.

Discours

à l'École d'administration de Vincennes.

20 MAI 1886.

MESSIEURS, je tiens à vous exprimer toute ma satisfaction de la visite que je viens de faire à votre école. Je suis heureux de remercier M. le sous-intendant Meunier, son intelligent directeur, de la direction qu'il a su lui imprimer avec autant de tact que de sagesse. Je constate avec plaisir que MM. les professeurs, au lieu de rester exclusivement dans le domaine des théories purement spéculatives et abstraites, ont su se mettre en garde contre un écueil séduisant et cherchent surtout, dans leur enseignement, le côté vraiment pratique.

Demain, en sortant de cette école, dont l'organisation a été le point de départ du relèvement des officiers d'administration, vous appartiendrez à ce corps d'officiers comptables sérieux, laborieux, consciencieux, que tout le monde aujourd'hui apprécie dans l'armée, et auxquels, quoique tardivement, justice a été enfin rendue par une Assemblée républicaine.

Je vais vous quitter, Messieurs, n'oubliez
jamais que le succès d'une bataille, le destin
d'une journée dépendent souvent de la sage et
prévoyante administration d'une armée.

Au revoir, Messieurs.

Discours à l'École militaire de Rambouillet.

29 MAI 1886.

Le Ministre, après avoir visité l'école, a réuni tout le personnel et les élèves, il a ensuite prononcé les paroles suivantes :

JE suis heureux d'avoir visité l'École militaire de Rambouillet et d'avoir constaté par moi-même les résultats obtenus dans cette École qui doit servir de modèle à celles qui vont s'ouvrir et qui les fera profiter de l'expérience acquise. Je remercie le commandant de l'École, les officiers, les professeurs, les sous-officiers et les caporaux d'avoir si bien compris l'idée qui a présidé à la création de l'École et de la direction qu'ils ont donnée à l'instruction.

Mes enfants, si l'excellente instruction que vous recevez ici permet à quelques-uns d'entre vous, qui sont désignés d'avance par leur intelligence, d'arriver aux grades les plus élevés de la hiérarchie militaire, elle permet à tous, sans exception, d'arriver au grade modeste, mais honorable et envié de sous-officier dont l'armée a tant besoin.

Discours au Prytanée militaire de La Flèche.

12 JUIN 1886.

INAUGURATION DES TABLES DE MARBRE
SUR LESQUELLES SONT INSCRITS
LES NOMS DES
ANCIENS ÉLÈVES TOMBÉS AU CHAMP D'HONNEUR.

MES JEUNES CAMARADES,

C'EST avec un charme tout particulier que je me retrouve au milieu de vous. J'avais conservé le plus durable souvenir de ma dernière visite au Prytanée. Vous avez voulu fixer encore davantage ce souvenir en me faisant des vôtres, et c'est en qualité de Fléchois d'adoption que j'ai accepté la présidence de la cérémonie d'aujourd'hui qui doit glorifier les noms de vos anciens tombés pour notre chère France. (Vifs applaudissements.)

C'est là une noble pensée, et dont l'honneur revient, je suis heureux de le dire, à l'Asso-

ciation des anciens élèves du Prytanée, d'avoir
gravé sur le marbre, en caractères ineffaçables,
les noms de ceux qui sont morts pour le pays.

C'est là un noble enseignement, qui, dans
sa simplicité, doit être compris de vous, cet
appel de ceux qui ont donné tout à la Patrie,
adressé ici même, dans cette École, au seuil de
la carrière, aux jeunes hommes qui, demain
pour les uns, dans quelques années pour les
autres, partiront pour la servir et la défendre
au moment du danger. (Applaudissements.)

Ces noms gravés sur le marbre, vous devez
surtout les graver dans vos cœurs, c'est
l'hommage le plus pur que vous rendrez à vos
devanciers lesquels vous ont tracé la voie que
vous devez suivre, la tête haute, le cœur ferme
comme ont toujours marché à l'ennemi vos
aînés, les Guébriant, les Dupetit-Thouars et
surtout cette figure héroïque de La Tour-d'Au-
vergne, jusqu'au nom si sympathique à vous
tous qui termine la liste glorieuse des 215.
Je ne veux pas vous retenir plus longtemps,
mais avant de vous quitter, je tiens à vous
rappeler ce que je vous disais il y a 4 ans au
moment où j'avais l'honneur de vous apporter
votre drapeau. Je vous disais : Sur ce drapeau
sont inscrits les mots travail, discipline ; il
n'était pas nécessaire d'y inscrire courage et
honneur, ces mots sont superflus quand on
parle à des Fléchois. Travaillez sous l'intelli-

gente direction de vos habiles professeurs et écoutez les conseils, suivez les exemples de vos officiers, de votre colonel, mon camarade et mon ami.

Vous vous préparerez ainsi une existence virile bien remplie, car vous répondrez à la confiance que mettent en vous la France et la République. (Bravos et applaudissements.)

Discours prononcés à Nantes.

14 JUIN 1886.

DISTRIBUTION DES RÉCOMPENSES A LA SOCIÉTÉ DE GYMNASTIQUE.

M. Puybarraud a présenté au Ministre de la Guerre les membres du Comité permanent de l'union des sociétés de gymnastique.

M. le Ministre de la Guerre a répondu :

MESSIEURS,

Vous avez été soldats et franchement le Ministre de la guerre ne peut que vous en être reconnaissants ; recevez l'expression de ma vive gratitude pour le bien que vous faites par vos efforts, non seulement à l'armée, mais à la France.

Aux membres du jury et aux délégués des sociétés qui lui avaient été présentés par M. Puybarraud, le Ministre de la Guerre a dit :

> MONSIEUR LE PRÉSIDENT,
> MESSIEURS LES MEMBRES DU JURY,
> MESSIEURS LES DÉLÉGUÉS,

Je ne puis que vous répéter ce que je disais tout à l'heure, nous avons le plus grand intérêt, nous, armée active, à vous voir former ces jeunes gens, qui dans quelque temps seront nos soldats. C'est du fond du cœur, que je vous remercie pour l'œuvre que vous accomplissez avec tant de dévouement et je suis persuadé que nous allons constater tout à l'heure les excellents résultats auxquels vous êtes arrivés. (Applaudissements.)

Au banquet, M. le général Boulanger, ministre de la guerre, répond à un toast de M. Puybarraud :

> MESSIEURS,

Je veux vous dire avant tout quelle émotion est la mienne en me trouvant dans les circonstances présentes votre hôte, l'hôte de cette chère ville de Nantes où j'ai passé une grande partie de ma jeunesse, où je rencontre des condisciples, je veux dire des amis, où je trouve à chaque instant la trace de chers sou-

venirs qui semblent souder ensemble les années
d'autrefois avec celles d'aujourd'hui. (Très bien,
très bien et applaudissements.)

M. le Ministre de l'Instruction publique et
moi nous reporterons à M. le Président de la
République ce que nous avons vu, les paroles
que nous venons d'entendre et ce sera la meil-
leure réponse au toast qui vient d'être porté.
(Assentiment général.) En outre, Messieurs,
j'accepte avec reconnaissance ce toast à l'armée
et je vous adresse en son nom mes plus vifs
remerciements. (Acclamations et applaudissements répétés.)

Je ne vous apprendrai rien, Messieurs, mais
j'aime à le répéter ici, en vous disant que
l'armée est aujourd'hui indissolublement liée à
la nation, (Nouvelles exclamations et bravos
prolongés.) et tous les efforts qui seraient
faits, non pas pour détruire, car c'est impossible, mais pour affaiblir cette étroite union
seraient absolument vains. (Vifs applaudissements.)

A qui devons-nous ce résultat? Certes, l'armée
ne peut pas s'en réserver seule le mérite. Nous
le devons en grande partie à nos braves populations, aux sentiments de devoir et de dévouement, dont elles ont fait preuve depuis 15 ans,
acceptant les nouvelles charges (et vous le
voyez, on ne vous cache rien), les nouvelles et
lourdes charges militaires avec ce désintéres-

sement et cette bonne humeur française qui sont la première qualité de notre race. (Vive adhésion et applaudissements.)

Ce résultat nous le devons aussi, nous le devons surtout à ceux qui, comme vous, Messieurs, se faisant les apôtres du progrès et de la régénération de la jeunesse française, ont imprimé une impulsion si vigoureuse aux exercices virils qui transformeront, que dis-je ! qui transforment à l'heure qu'il est l'armée et le pays, exercices dont la pratique, j'en suis convaincu, sera inscrite par le Parlement en tête de nos lois militaires pour assurer l'avenir et la grandeur de l'armée et du pays. (Applaudissements unanimes et assentiment général.)

Je lève mon verre, Messieurs, en l'honneur de votre excellent maire, en l'honneur de votre municipalité et en l'honneur de la ville de Nantes qui non seulement respecte mais aime d'un profond amour les institutions qui nous régissent, et voyez-vous, Messieurs, ces institutions-là sont indestructibles car tous, nous les portons gravées au fond de nos cœurs. (Vive adhésion, bravos et applaudissements répétés.)

Réponse au Maire de Saumur.

15 juin 1886.

M. Vinsonneau a présenté au Ministre de la
Guerre les membres du Conseil municipal et lui a
adressé un discours de bienvenue. Le Général Boulanger a répondu :

JE vous remercie, Monsieur le Maire et
Messieurs les Membres du Conseil municipal, de la belle réception que vous avez faite
au représentant du Gouvernement de la République. Je serai heureux, à mon tour, d'en
informer M. le Président de la République.

Je dois vous avouer, d'ailleurs, que je m'at-
tendais un peu à cet accueil, car je savais que
cette ville est entièrement dévouée à nos institutions. Mais je suis surtout heureux de voir
l'accord complet qui existe aujourd'hui entre
la ville et l'École. Je ne veux pas rappeler des
faits anciens, car je suis convaincu que cet
accord, désormais fondé, se maintiendra toujours.

Au sujet du château, je vous prie, Monsieur
le Maire, de me remettre une note qui me per-
mette d'étudier la question. Je ne puis natu-

rellement vous faire aucune promesse, si ce n'est celle de faire tous mes efforts pour être agréable et utile à la ville de Saumur.

Je vous remercie encore une fois, Monsieur le Maire, de l'accueil que je reçois dans cette ville que je ne connaissais pas.

Discours à l'École de cavalerie de Saumur.

15 JUIN 1886.

Après avoir visité l'École, le Ministre de la Guerre a adressé aux officiers-élèves l'allocution suivante :

MESSIEURS, j'ai tenu à voir par moi-même ce qu'est cette École de Saumur, qui passe avec juste raison pour l'Académie de notre équitation militaire et qui est la gardienne vigilante autant qu'intelligente des saines traditions de l'art équestre. Je dis gardienne intelligente, parce qu'en même temps qu'elle est le point de départ de toutes les améliorations introduites dans notre cavalerie, elle se tient constamment au courant des progrès réalisés à l'étranger.

Il y a quelques jours à peine, lors de nos belles fêtes de bienfaisance de Paris, dans ce magnifique carrousel du Champ-de-Mars, vous avez été au dessus de tout éloge, vous avez provoqué les manifestations les plus enthousiastes, et je vous ai applaudis de si grand cœur qu'il m'est bien doux de vous rappeler aujourd'hui votre brillant succès. Mes applaudissements, je vous les ai prodigués sans réserve, sans arrière-pensée, parce que je savais bien que, tout en pratiquant les principes élevés de cette science qui vous passionne, qui nous passionne tous, vous ne négligeriez jamais la partie pratique et purement militaire de votre instruction, parce que je n'ignorais pas que sous le sportsman se retrouverait toujours l'habile cavalier militaire.

Nous allons arriver à la réduction de la durée du service, qui s'impose à tant de points de vue.

D'autre part, j'espère que bientôt le régime des remontes pourra être amélioré.

C'est vous dire que votre labeur deviendra plus difficile en ce qui concerne le dressage du cavalier et du cheval.

Mais je sais que l'armée est en droit de compter sur votre esprit de progrès et de dévouement.

Je vous en félicite.

Après vous avoir dit tout le bien que je pense de vous, j'aborde une question délicate.

C'est le revers de la médaille.

Mais je veux m'en expliquer carrément avec vous, en soldat qui s'adresse à des soldats.

Vous souvient-il d'une circulaire que j'ai adressée aux commandants des corps d'armée, le 1er février dernier, et dont vous avez eu certainement connaissance ?

Cette circulaire, je l'ai faite pour vous comme pour toute l'armée.

Je vois que vous me comprenez et que je n'ai pas besoin de vous en retracer les termes, mais je désire que vous vous pénétriez bien de sa lettre et de son esprit.

Je ne veux pas sonder vos cœurs, lire au fond de vos consciences.

C'est une besogne qui ne serait digne ni de vous ni de moi.

Mais, vous le comprenez facilement, le Ministre de la Guerre a le devoir et le droit, sans vouloir pour cela faire de la politique, d'exiger de tous les membres de l'armée le plus profond respect pour les institutions que le pays, notre maître à tous, s'est librement données. En aucune circonstance, je ne faillirai à ce devoir!

Cela bien entendu, dit une fois pour toutes et pour ne jamais y revenir, je vous renouvelle toutes mes félicitations pour la bonne tenue de l'École d'application de cavalerie, pour l'impulsion si habile, si intelligente et si pratique à la fois, donnée par l'honorable général qui vous commande et par vos excellents officiers, enfin pour votre entrain, pour votre travail qui a fait de Saumur l'une des premières écoles militaires de l'Europe.

Je félicite votre général de l'esprit de conciliation et de fermeté dont il vient de donner

8

encore dernièrement une preuve en ramenant la bonne harmonie qui doit toujours exister entre les autorités civiles et militaires. J'ai été bien heureux d'en recevoir moi-même, ce matin, l'assurance.

Je ne veux pas terminer sans dire à M. le Général L'Hotte, le président du Comité de cavalerie, combien son souvenir est présent en ce moment à notre esprit à tous, et même à un tel point que, quand une amélioration est constatée dans une partie quelconque du service de l'École, on est tenté de croire qu'il en est toujours le chef.

Continuez, Messieurs, à suivre la voie du progrès dans laquelle vous êtes entrés.

En donnant ainsi à l'arme de la cavalerie la place qu'elle doit occuper dans notre armée, vous aurez bien mérité de la France et de la République.

Réponse à M. le premier Président
de la Cour de Limoges.

21 juin 1886.

M. le premier Président de la Cour de Limoges a présenté à M. le Ministre de la guerre MM. les conseillers.

M. le Ministre de la guerre a répondu :

JE suis heureux, Monsieur le Président, des paroles que vous venez de prononcer : je vous remercie, Messieurs, de la visite que vous voulez bien me faire. Les sentiments que vous venez d'exprimer sont basés sur le droit et sur la justice, qui forment eux-mêmes le fond de l'esprit républicain ; aussi, soyez persuadés, Messieurs, que dans ces conditions notre accord sera toujours facile et durable.

MM. les membres de la Chambre de commerce ont signalé à M. le Ministre les difficultés actuelles au point de vue des affaires commerciales et surtout en ce qui concerne l'exportation.

M. Le Ministre de la guerre a répondu :

Vous avez raison de dire, Monsieur le Président, que quelquefois tout n'est pas rose, mais avec de la patience et surtout avec de la bonne volonté, on parvient à surmonter beaucoup de difficultés.

Vous savez, Messieurs, que M. le Président du conseil, Ministre des affaires étrangères, se préoccupe vivement de ces questions qui vous intéressent ; et dernièrement il adressait une circulaire à nos consuls pour les inviter à fournir à nos commerçants, à nos industriels, tous les renseignements utiles, à leur donner, en un mot, un coup d'épaule pour les aider à accroître nos échanges avec les pays étrangers.

Il entre dans les vues du gouvernement de faciliter par tous les moyens notre développement économique, et vous pouvez être certains, Messieurs, que ses efforts s'uniront toujours aux vôtres pour atteindre ce but.

Discours à Limoges.

22 JUIN 1886.

—

DISTRIBUTION DES RÉCOMPENSES AUX SOCIÉTÉS DE GYMNASTIQUE.

—

MESSIEURS, MES CHERS CAMARADES, recevez, depuis les promoteurs de cette magnifique fête jusqu'au plus petit membre des sociétés de gymnastique, que je crois bien apercevoir là-bas (on rit), mes plus vives et mes plus sincères félicitations. En effet, Messieurs, vous vous êtes placés au premier rang de ces sociétés qui, dans bien peu d'années, décupleront la valeur physique et morale de la jeunesse française.

Je veux vous répéter ce que je disais il y a juste aujoud'hui huit jours à Nantes, lors de la distribution des récompenses du 12ᵉ Congrès fédéral. Je m'exprimais ainsi : C'est avec une joie tout intime, peut-être un peu égoïste, mais dans tous les cas, empreinte d'une certaine dose de chauvinisme, que je contemple ces physionomies ouvertes, ces robustes poi-

trines, cette belle jeunesse enfin, et j'ajouterai,
pour Limoges spécialement, que cette jeunesse
me semble impatiente de venir prendre place
dans les rangs de l'armée pour mettre la dernière main à son éducation de citoyens. (Oui !
oui ! Très bien ! Vifs applaudissements.)

Car en voyant votre allure si nette, si franche,
j'allais presque dire guerrière, je ne puis résister au désir de vous entretenir en peu de
mots de l'esprit militaire, de cet esprit dont
vous semblez avoir l'intuition, et qui est, avant
tout, l'esprit patriotique, l'esprit français.
(Assentiment général et applaudissements prolongés.)

Vous entendez quelquefois des pessimistes,
des alarmistes dire : l'esprit militaire qu'est-
ce que c'est que cela ? Il s'affaiblit, il tend à
disparaître, il n'existe plus. Ne croyez pas
ceux qui parlent ainsi, et répondez-leur carrément : Vous en avez menti ! (Bravos et applaudissements répétés.)

Non, Messieurs, cet esprit militaire ne
s'affaiblit point, mais il subit une évolution qui
est la conséquence rationnelle d'un nouvel état
de choses ; il n'abandonne point l'armée, tout
au contraire, et, pour nous tous, notre devoir
n'est pas d'en entraver la marche mais de la fa-
voriser partout où, comme ici, cet esprit militaire semble pouvoir prendre de profondes
racines. (Applaudissements.)

La gymnastique, l'éducation physique de la jeunesse, c'est là ce qui constituera notre nouvel esprit militaire ; c'est ce qui inspirera l'enfance, si l'enfance est, comme j'en suis sûr, bien préparée à ce rôle par des instructeurs tels que ceux qui sont devant moi, en ce moment, et pour lesquels, je l'espère, mon collègue le Ministre de l'instruction publique voudra bien, très prochainement, envoyer des palmes qui ont été si bien méritées (très bien ! bien ! bien ! bravos), par des instructeurs, je le répète, par des éducateurs comme ces membres de la grande université de France qui, ne l'oublions pas, a toujours marché la première pour l'affranchissement de la pensée. (Applaudissements.)

C'est un esprit nouveau qui naît en ce moment et qui se développe, vous le comprenez bien, c'est cet esprit qui nous a inspiré tant de grandes choses, en un mot, cet esprit militaire, c'est l'esprit de devoir, c'est l'esprit qui sort de la routine, qui ne connaît plus de préjugés, c'est l'esprit en qui se confondent la famille, les intérêts, l'amour du sol, et cette vieille fierté du sang gaulois, et ces souvenirs épiques de nos victoires et aussi de nos revers parfois aussi glorieux que des victoires. (Mouvements, applaudissements prolongés.)

Je vous demande pardon, Messieurs, c'est un soldat qui vous parle (bravos) et qui se laisse parfois entraîner avec une impétuosité qu'on lui a quelquefois reprochée (on rit) mais qu'il préfère à la tiédeur et à la mollesse. (Vifs applaudissements.)

Je ne veux pas terminer sans vous dire : Merci, Messieurs, merci pour l'armée, dont j'ai l'honneur d'être le chef suprême, et pour laquelle vous préparez de bons soldats ; merci pour la France, merci pour la République. (Acclamations et applaudissements, cris répétés de : Vive l'armée ! Vive la République !)

Le soir au banquet, répondant au toast porté par le Maire de Limoges, le Général Boulanger s'est exprimé en ces termes :

MONSIEUR LE MAIRE,

Je vous remercie, au nom du vénéré Président de la République, des chaleureuses paroles que vous venez de prononcer, et je vous remercie tous, Messieurs, des acclamations par lesquelles vous avez accueilli le toast à l'armée que je suis heureux et fier de représenter ici, dans cette ville de Limoges, l'une des premières de notre France républicaine, au milieu de ces populations si travailleuses, mais en même temps si cordiales et si sympathiques.

Je suis encore sous l'impression de la fête virile que vient de nous donner notre jeunesse française, et en particulier la jeunesse limousine, et je ne puis m'empêcher de féliciter de nouveau les organisateurs des sociétés de gymnastique qui nous préparent de bons soldats et de bons citoyens. (Vifs applaudissements.)

N'en doutez pas, Messieurs, c'est là qu'est l'avenir envisagé tant au point de vue social qu'au point de vue militaire proprement dit.

J'espère, je suis convaincu que ces efforts vont continuer et que bientôt toutes les communes de France vont suivre la voie dans laquelle vous êtes entrés, avec une énergie et une persévérance si patriotiques.

Et je suis bien à mon aise ici pour vous parler de patriotisme, dans cette ville de Limoges, l'un des centres industriels les plus importants de l'Europe, dans cette patrie de Jourdan, cette grande figure qui semble personnifier toutes les qualités de votre forte race, dans ce pays qui a été un des derniers remparts de la résistance gauloise, ici en un mot, où comme le sol, les hommes sont de granit. (Très bien, très bien, applaudissements et bravos répétés.)

Continuez ou plutôt continuons ensemble, les cœurs et les esprits unis dans une seule et même pensée : L'amour du pays ; continuons à travailler pour la France et pour la République !

Je lève mon verre, Messieurs, et je vous prie de boire avec moi à la prospérité de la ville de

Limoges qui a fait au Ministre de la guerre, au membre du gouvernement de la République un accueil, vous pouvez en être bien convaincus, qu'il n'oubliera jamais. (Bravos et applaudissements. Cris répétés de : Vive la République.)

Discours à Romans.

27 JUIN 1886.

—

INAUGURATION DE LA CASERNE.

—

Toast porté par le Général Boulanger.

MESSIEURS, je suis touché, bien vivement touché, de l'accueil qui m'est fait dans votre ville ainsi que des paroles, beaucoup trop flatteuses, mais cordialement sympathiques, que l'on vient de m'adresser. Rien ne pouvait m'être plus sensible que le rapprochement qui vient d'être fait entre mes convictions républicaines et ma carrière militaire. (Vifs applaudissements.)

C'est en effet dans l'armée que, vivant côte à côte avec lui, j'ai appris à connaître, je veux dire, à aimer le soldat, c'est-à-dire le peuple, si simple et si sublime à la fois. (Bravos et applaudissements.) C'est dans l'armée que j'ai appris à comprendre tout ce qu'une nation peut espérer quand elle est fortement unie. (Nouveaux applaudissements.) Mais cet effort commun, comme on vient de l'exprimer avec une éloquence qui, seule, peut entraîner avec elle la conviction ; cet effort commun doit être basé sur l'égalité des charges, car, sans cette égalité la justice, l'ordre social, ne seraient qu'un mot vain et dénué de sens. (Assentiment général.) C'est grâce à cette égalité des charges que nous ferons une armée nationale, malgré toutes les hésitations et toutes les résistances et avec l'appui et sous l'impulsion d'un Parlement fermement résolu à pousser droit devant lui dans la voie du progrès. (Approbations unanimes et bravos.)

Je vous remercie, Messieurs, de m'avoir fait une part, mais une part beaucoup trop large dans cette œuvre ; croyez-le bien, c'est là qu'est l'avenir de la France ; non seulement son avenir militaire, mais son avenir économique et social.

En terminant, je vous remercie surtout, Messieurs, de n'avoir jamais douté de l'armée qui sera toujours de cœur, soyez-en persuadés, avec ceux qui veulent la force et la prospérité de la Patrie. (Oui ! oui ! Applaudissements.)

Je bois à la prospérité des deux villes de Romans et du Bourg-du-Péage, à ces deux cités fières, sages et indissolublement attachées depuis tant d'années aux idées démocratiques qui, seules, elles le savent, peuvent assurer la grandeur de la France. A Romans et à Bourg-du-Péage ! (Très bien ! très bien. Applaudis-sements et bravos.)

Toast à Valence.

27 JUIN 1886.

Au banquet, M. Demangeat, préfet de la Drôme, a ouvert la série des toasts, en portant la santé de M. Grévy, président de la République.

Le général Boulanger prend ensuite la parole ; il fait l'énumération des hommes célèbres nés dans la région.

Vous avez partout, continue le ministre, des illustrations que je ne veux pas nommer, mais que chacun nomme pour moi. Je bois à la ville de Valence qui a toujours fait une si large part aux idées de progrès et de liberté, cette fille chérie de la démocratie française. J'en salue ici (l'orateur désigne M. Madier de Montjau) le vénéré doyen, auquel la chaleur du cœur, ainsi que l'amour de la justice et du droit ont fait une seconde jeunesse.

M. Granet prend alors la parole.

Le général Boulanger, ministre de la guerre a
répondu :

Voulez-vous me permettre, mon cher collègue et ami, d'ajouter quelques mots aux
pensées que vous avez si bien exprimées. Je
veux vous dire, Messieurs, que je considère
comme un grand honneur pour moi d'avoir
été admis parmi vous, ce soir, à prendre ma
part de cette fête cordiale dont vous donnez
l'exemple à toutes les autres administrations.

Nous assistons ici à une véritable fête de
famille, et vous me permettrez de dire que si
je ne suis pas votre parent très proche je suis
au moins votre petit cousin. (Rires d'approba-
tion et vifs applaudissements.) Car enfin,
comme l'a dit mon collègue, M. le ministre
des postes et des télégraphes, et comme l'a
donné à entendre M. votre directeur, nous
avons beaucoup de rapports ensemble.

Vous êtes d'abord les professeurs de nos
télégraphistes militaires, dont la tâche devient
tous les jours de plus en plus considérable. De
ce côté, vous nous avez rendu des services importants dont je vous remercie du fond du
cœur. (Applaudissements.)

En terminant, Messieurs, je lève mon verre en l'honneur des employés des postes et des télégraphes du département de la Drôme, depuis le plus grand jusqu'au plus humble, depuis M. le directeur jusqu'au petit facteur que j'aperçois là-bas au fond de la salle. (Rires et vifs applaudissements.)

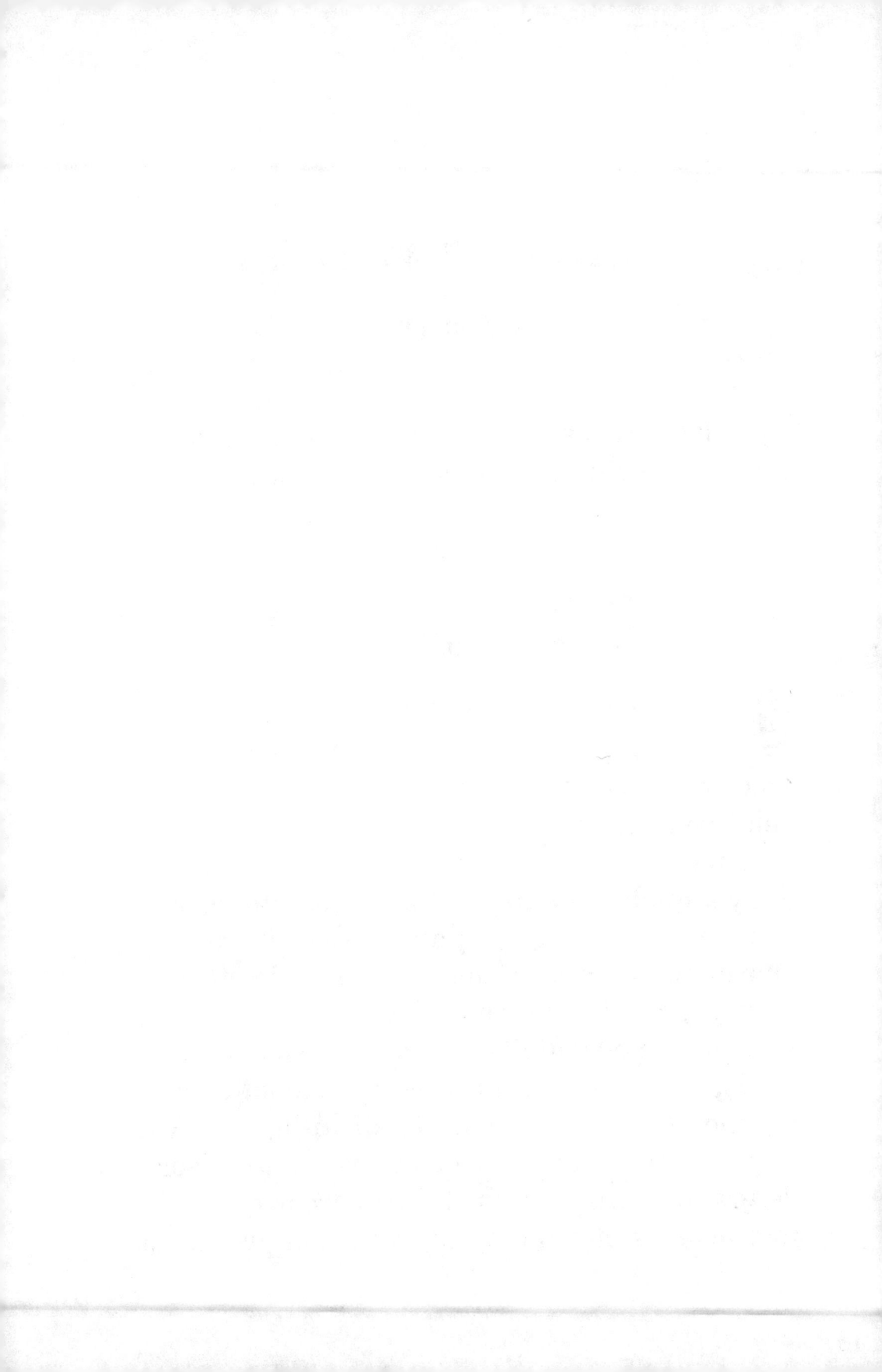

Discours à Valence.

28 juin 1886.

—

DISTRIBUTION DES RÉCOMPENSES AUX SOCIÉTÉS DE GYMNASTIQUE ET DE TIR.

—

MESSIEURS,

MES JEUNES AMIS,

JE vous félicite du fond du cœur des résultats que vous avez obtenus, du chemin que vous avez parcouru depuis un laps de temps relativement court.

Je me souviens de vos fêtes de gymnastique d'il y a quelques années. Certes, à cette époque comme aujourd'hui, j'applaudissais à vos efforts persévérants, mais j'étais loin de prévoir, je dois vous l'avouer, les progrès que vous avez si vite accomplis. Vous possédez la méthode, la précision, un certain cachet de discipline et, comment vous le dirai-je, sur vos physionomies ouvertes et enjouées, une sorte de gravité militaire qui laisse percer que tous, instructeurs et gymnastes, vous comprenez la

grandeur du but que vous poursuivez.(Applaudissements.)

Vos exercices auxquels vos maîtres donnent un caractère voulu de récréation, sont
pourtant en réalité la plus sérieuse préparation à votre rôle d'hommes à l'accomplissement
du premier des devoirs : celui du soldat.

C'est ainsi que vous arriverez à 20 ans,
non seulement robustes du corps, mais avec
la force morale que vous donnera la cons-
science de votre valeur physique.

Persévérez, jeunes hommes, travaillez encore, travaillez toujours. Vos fêtes sont salu-
taires. Elles consolent et réjouissent tout à la
fois, et elles donnent à ceux qui, comme nous,
appartiennent à la génération qui a précédé
la vôtre une confiance entière, absolue, iné-
branlable dans l'avenir de la France et de la
République. (Applaudissements prolongés.)

Discours au Cercle Militaire à Paris.

1er JUILLET 1886.

—

OUVERTURE DU CERCLE.

—

MESSIEURS, je déclare ouvert le Cercle National des armées de terre et de mer.

Laissant soigneusement à la porte toute préoccupation politique, les officiers de notre armée nationale viendront dans ce centre de réunion fortifier par un contact journalier l'esprit de camaraderie qui amènera rapidement la fusion complète de toutes les armes et de tous les services dont l'union est si indispensable à la consolidation de notre armée, gardienne de l'honneur de la France. La marine et l'armée de terre ne font plus qu'un seul corps désormais.

Je remercie messieurs les Membres de la Commission du zèle intelligent qu'ils ont apporté dans l'accomplissement de la tâche que je leur avais confiée.

Messieurs, je bois à la santé du Président de la République, à l'armée française, à la grandeur et à la prospérité de la France.

Discours à la maison d'éducation de St-Denis.

—

DISTRIBUTION DES PRIX,

—

LE Général Boulanger a ouvert la séance par une allocution toute familière, en prenant pour thème ces trois mots : Famille, Honneur, Patrie.

Je n'insisterai pas, a-t-il dit, sur l'honneur, vous êtes ici à la source même de l'honneur, c'est lui qui est votre patrimoine et c'est lui qui vous a créé cette seconde famille.

Le Ministre a développé alors cette idée de deux familles, l'une naturelle, l'autre adoptive, et en a profité pour faire l'éloge des professeurs, parents de cette deuxième famille.

Enfin, il a recommandé aux élèves d'aimer leur Patrie comme l'aimaient les femmes de Sparte, mais avec moins de rugueur. Cependant, en ce siècle où la fortune est tout, ajoute-t-il, votre rôle est de vous mettre constamment au-dessus de l'argent et de ne jamais fléchir les genoux devant le veau d'or.

Un passage de cette allocution, faisant allu-
sion au général Faidherbe, « l'illustre chan-
celier de la Légion d'honneur, retenu chez lui
par de cruelles souffrances », a été tout particulièrement applaudi.

Discours au Cercle militaire à Paris.

21 SEPTEMBRE 1836.

—

RÉCEPTION DE MM. LES OFFICIERS ÉTRANGERS.

—

MESSIEURS LES OFFICIERS ÉTRANGERS,

HIER, c'était le Ministre de la Guerre, le membre du Gouvernement qui avait l'honneur de vous recevoir. Aujourd'hui ce sont vos camarades qui ont voulu vous offrir l'hospitalité.

J'espère que de l'une comme de l'autre de ces réceptions vous emporterez l'impression qu'en France on a conservé le respect de la belle profession des armes, et l'admiration pour le noble caractère de tous ceux qui portent l'épée. J'espère que vous emporterez un bon souvenir de cette armée que vous avez pu voir de très près.

En prononçant le mot toujours pénible d'adieu, messieurs les Officiers étrangers, je bois à votre santé, je bois à votre prochain retour parmi nous et vous pourrez, cette fois j'espère, faire un plus long séjour.

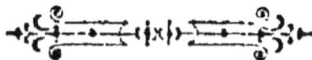

Discours à l'Orphelinat militaire Hériot.

4 NOVEMBRE 1883.

MESSIEURS,

JE viens, au nom du Gouvernement de la République, au nom de toute l'armée reconnaissante, au nom du pays, accepter officiellement la magnifique donation que fait aux enfants de l'armée l'un de ses membres les plus sympathiques, M. le commandant Hériot.

La pensée généreuse qui a guidé M. Hériot sera féconde : elle emprunte à la période de transition dont nous traversons encore la fin une portée considérable.

N'a-t-il pas fallu douze années pour faire entrer dans nos mœurs le sentiment des devoirs nouveaux que nous impose notre constitution militaire ? Mais nous le sentons tous, nos efforts vont amener le succès.

La nation et l'armée, en effet, ont enfin compris l'impérieuse nécessité de leur intime solidarité.

Notre vieil esprit militaire, sur la disparition duquel pleuraient déjà quelques songeurs chagrins ou à courte vue, se transforme, se régénère, s'infiltre peu à peu dans les masses et devient l'esprit militaire nouveau.

C'est cet esprit qui doit animer les armées modernes, issues de l'obligation du service militaire pour tous ; lequel service a son assise la plus solide établie sur l'éducation militaire de la jeunesse, nous allons pouvoir dire de l'enfance.

Car un acte comme celui du commandant Hériot constitue un énorme progrès dans cette voie.

Il fait d'un seul bond franchir à l'idée la moitié du chemin à parcourir ; il l'affirme par un exemple éclatant qui aura des imitateurs ; il l'implante dans les esprits, il l'implante surtout dans les cœurs !

Les résultats matériels et immédiats, nous les apercevons déjà : en dehors du côté charitable, nous voyons se former, dans les plus saines conditions morales et physiques, toute une petite génération qui deviendra le noyau de nos écoles d'enfants de troupes.

Ceux de ces enfants, et ce sera l'exception, qui rentreront dans leur famille à l'âge de treize ans, seront les naïfs *éducateurs militaires* des enfants de leur âge.

Et c'est par l'enfance, ne l'oublions pas, Messieurs, que toutes les pensées durables, celles destinées à s'emparer de l'humanité, ont pénétré chez les peuples.

Le commandant Hériot l'a compris, et je le remercie de nouveau au nom de l'armée, que je suis fier de représenter dans cette cérémonie d'un caractère si élevé et si patriotique.

Comme Ministre de la Guerre je prends aujourd'hui, 4 novembre 1886, possession de l'Orphelinat militaire Hériot.

Toast au banquet qui a suivi l'inauguration de l'Orphelinat Hériot.

4 NOVEMBRE 1886.

MESSIEURS,

J'AI l'honneur de porter la santé de notre vénéré Président de la République, qui m'a chargé de remercier, au nom de la France et en son propre nom, le commandant Hériot et qui m'a autorisé à vous dire qu'il était avec nous par la pensée.

A MONSIEUR LE PRÉSIDENT GRÉVY !

J'ai adressé ce matin à M. le commandant Hériot l'expression officielle de notre gratitude ; je tiens à remercier plus intimement en quelques mots le camarade Hériot et à me faire auprès de lui l'interprète de nos bons et modestes camarades de l'armée, dont il vient d'adopter les enfants ; car les orphelins des soldats sont les enfants de toute l'armée.

La presse, toujours prompte à répandre les grandes et nobles actions, va faire connaître à

toute la France les détails de notre fête de famille ; mais les intéressés ont déjà cette date
du 4 novembre gravée dans leur pensée, et c'est
au nom des milliers de cœurs émus et reconnaissants, et qui en ce moment même songent
à vous et vous bénissent, commandant Hériot,
que je porte votre santé, chère aujourd'hui à
tant de braves gens, chez lesquels mon toast va
trouver de chaleureux échos.

A votre santé, camarade Hériot, et à la
prospérité de l'œuvre que nous venons d'inaugurer !

Discours à l'Hippodrome.

14 novembre 1836.

—

DISTRIBUTION DES RÉCOMPENSES AUX SOCIÉTÉS DE GYMNASTIQUE.

—

Messieurs,

Vous m'avez trop remercié d'être venu à cette fête, car je considère comme un grand bonheur de me trouver parmi les membres d'une association qui a pris pour emblème et pour devise : deux mains unies sous ce mot magique : Patrie.

Il m'eût été, d'ailleurs, bien difficile de ne pas répondre à l'invitation de votre président, me conviant en termes chaleureux à me rendre au milieu de cette ardente jeunesse parisienne qui se prépare si vaillamment pour l'armée et qui marche si résolument dans la voie de l'éducation virile et nationale.

Ces derniers mots sont ceux mêmes que m'écrivait votre président fondateur, l'honorable M. Sansbœuf, et je veux y ajouter ce que j'ai déjà eu l'occasion de dire lors de la réunion fédérale annuelle des Sociétés de gymnastique de France :

« L'avenir est là, Messieurs, l'avenir de la France comme celui de la République, l'avenir envisagé au point de vue social comme au point de vue militaire. »

Ce n'est, en effet, que par le méthodique entraînement de nos jeunes hommes que nous parviendrons à alléger la charge si lourde pour les sociétés modernes de l'obligation militaire.

Mais chaque génération a sa tâche.

La nôtre, Messieurs, a trouvé dans son berceau, un héritage bien dur à porter : nos armées à refaire, notre matériel de guerre à reconstituer, l'âme de la patrie surtout à relever des abattements des jours de malheur, la foi dans l'avenir de la France à faire revivre à ses propres yeux et aux yeux de l'étranger !

Aussi, quels vaillants et unanimes efforts se sont voués à cette œuvre de régénération, et comme elles disparaissent devant ce sublime objectif les divisions qui naissent de la divergence des doctrines et des traditions !

Mais ce n'était encore là qu'une partie de la tâche ; il fallait entraîner le pays vers cette éducation militaire appelée à décupler notre valeur en fortifiant les esprits et les cœurs par les sains exercices du corps.

Ce résultat considérable est sur le point d'être atteint, grâce au zèle, à la persévérance patriotiques et dévoués d'initiateurs tels que vous, Messieurs, qui avez compris votre pays et votre temps ; grâce à vos leçons, Mesdames, vous qui glissez dans le cœur de nos enfants, dès les premiers jeux, la notion de la Patrie par l'amour de la Famille, cette première patrie.

Par cette éducation, ces enfants atteindront, vaillants de cœur et vigoureux de corps, l'âge de devenir soldats.

Quant à nous, armée, nous vous les rendrons habitués à la discipline, fidèles au drapeau, épris de nos gloires ; et ils vous rapporteront en expérience et en patriotisme ce qu'ils nous auront apporté en vigueur et en dévouement.

C'est ce continuel échange entre vos sociétés, c'est-à-dire entre les familles et l'armée, qui fera la nation forte, Messieurs, et donnera à vos travaux et à vos exercices ce caractère éminemment national qui les rend populaires, et fait applaudir vos succès sur tout le territoire de la République.

Ce mouvement des esprits a été parfois injustement apprécié ; il a même été considéré par quelques-uns comme inspiré par des pensées agressives.

Ceux-là, inquiets ou aveugles, ignorent ou feignent d'ignorer que tout pays qui veut vivre

doit être fort, que la première condition pour
le développement des ressources intellectuelles,
industrielles et commerciales d'un grand peuple, est la sécurité, basée sur la conscience de
sa force.

Or, dans l'état actuel de l'Europe, en présence des mesures prises par toutes les nations
pour élever au suprême degré la puissance et
la mobilité de leur machine militaire, notre
patrimoine national serait-il en sûreté, ce
patrimoine, fruit des travaux, des luttes, des
souffrances, du génie de nos pères, si nous
étions moins armés et moins préparés que nos
voisins ?

Serait-il en sûreté, ce patrimoine que nous
a légué la Révolution française ?

Pour notre honneur et notre sécurité, nous
sommes prêts aux derniers sacrifices — disait
récemment à Toulouse le président du conseil.
Vous avez tous applaudi à ces fières paroles et
vous avez compris que, sans forfanterie, mais
sans faiblesse, elles traçaient à chacun son
devoir et indiquaient nettement quel doit être
le rôle d'une grande nation comme la France,
avide de paix et de travail, mais jalouse de ses
droits.

Pour mon compte, plus patriote encore que soldat,
je désire ardemment le maintien de la paix, si né-
cessaire à la marche du progrès et au bonheur de
mon pays. C'est pour cela que dédaignant certaines

attaques et fort du sentiment du .... oir, je poursuis sans relâche la préparation à la guerre, seule garantie des paix durables.

Je me résume, Messieurs. Il y a pour une nation deux sortes de paix :

La paix que l'on demande, et la paix que l'on impose par une attitude ferme et digne.

Cette dernière est la seule qui nous convienne, et je vous remercie, éducateurs de cette fière jeunesse, je vous remercie, jeunes vaillants, d'aider le gouvernement à en assurer les bienfaits à la France.

Discours à la Garde Républicaine.

11 DÉCEMBRE 1886.

—

INAUGURATION DE LA SALLE D'HONNEUR.

—

MESSIEURS,

JE suis très sensible aux bonnes et flatteuses paroles que le brave colonel de la Garde républicaine, mon ami, vient de m'adresser, non seulement en son nom personnel, mais au nom de tous les officiers réunis. Elles me confirment dans l'idée que j'avais de ce corps d'élite. La gendarmerie et la garde ont une supériorité que j'ai maintes fois affirmée devant le Sénat et devant la Chambre des députés.

Pour inaugurer l'institution des salles d'honneur, pouvais-je mieux choisir que celle de la Garde républicaine, de ce corps qui se recrute dans toute l'armée.

Pour ce noble corps dispersé sur tous les points du territoire, la Garde républicaine forme à Paris le foyer des vieilles traditions qui serviront à perpétuer les insignes glorieux et les souvenirs du passé que je vois partout autour de moi.

Messieurs, si j'inaugure aujourd'hui la salle d'honneur de la Garde républicaine, ce n'est pas seulement parce que vous êtes un corps d'élite, c'est qu'en raison des éléments qui vous viennent de toute l'armée, vous réunissez ainsi le dévouement, les vertus militaires et le patriotisme de l'armée entière... de la France.

Je bois à la France, notre chère Patrie, je bois à notre vénéré président de la République enfin je bois à vous tous, officiers, sous-officiers et soldats de la gendarmerie nationale.

Discours à la Sorbonne.

26 DÉCEMBRE 1886.

—

SOCIÉTÉ FRANÇAISE DE SAUVETAGE.

—

Le Général Boulanger, après avoir déclaré la séance ouverte, a prononcé l'allocution suivante :

MESDAMES,

MESSIEURS,

JE suis profondément touché que le conseil de la Société française de sauvetage et son président, l'honorable M. Edmond Turquet, mon ami, aient bien voulu songer à moi pour la présidence de votre séance annuelle.

Il m'est particulièrement agréable de me trouver au sein de cette assemblée des premiers citoyens, je puis bien dire des premiers soldats de la France. (Applaudissements.)

N'est-ce pas, en effet, la même devise qui est inscrite sur nos bannières : « Sauver ou périr »

11 a.

d'un côté; « Vaincre ou mourir » de l'autre !
N'est-ce pas la même noble pensée qui est gravée dans le cœur du sauveteur comme dans celui du soldat. (Nouveaux applaudissements.)
Nous combattons le même combat, nous moissonnons les mêmes lauriers.

Mais vous, Messieurs, vous êtes les impatients dont parle le poète, qui ne pouvant, ne voulant pas attendre l'heure de vous donner tout entiers à la Patrie, recherchez le danger, le sacrifice pour tromper en quelque sorte la soif de dévouement qui vous anime et qui vous fait grands parmi les autres citoyens. (Vifs applaudissements.)

Vous avez, en outre, sur nous, soldats, cet avantage inappréciable que vos lauriers ne sont pas nécessairement, fatalement, les lauriers sanglants cueillis au milieu des douloureux déchirements de la Patrie.

Vous rencontrez la gloire en secourant, en sauvant vos semblables au sein de cette paix qui est tellement nécessaire aux peuples, que ceux qui ont charge de gouvernement doivent la leur assurer au prix de tous les sacrifices, en tant que ces sacrifices ne touchent ni à l'honneur, ni à la sécurité du pays. (Longs applaudissements.)

Recevez tous mes vœux pour la prospérité de votre société, fondée sur la large base de la fraternité, et permettez-moi, comme chef de l'armée de vous répéter combien je suis heureux et fier de saluer en vous les représentants de cette vaillance française faite de chevaleresque générosité, de gai, d'insouciant héroïsme, et qui sera comme le cachet de notre vieille race gauloise aussi longtemps qu'il y aura une France, c'est-à-dire aussi longtemps que vivra le monde! (Double salve d'applaudissements.)

Ordre du jour à l'armée.

30 MAI 1887.

OFFICIERS, SOUS-OFFICIERS ET SOLDATS,

LE cabinet dont je faisais partie ayant donné sa démission, M. le Président de la République a confié à d'autres mains le portefeuille de la guerre.

En quittant le commandement de l'armée, je tiens à remercier tous ceux qui m'ont secondé dans la tâche patriotique de mettre nos moyens de défense à la hauteur de toutes les épreuves.

Vous serez sous les ordres de mon successeur ce que vous avez été sous les miens : dévoués à vos devoirs professionnels et fidèles aux lois constitutionnelles dont le respect doit, dans nos cœurs, dominer tous les autres sentiments.

Je serai le premier à vous donner l'exemple de cette double discipline militaire et républicaine.

Général BOULANGER.

Discours à Riom (PUY-DE-DOME).

—

DISTRIBUTION DES RÉCOMPENSES A LA SOCIÉTÉ DE
GYMNASTIQUE *La Riomoise*.

—

MES JEUNES AMIS,

C'EST surtout aux œuvres naissantes comme
la vôtre, aux sociétés modestes mais plei-
nes de sève et de bonne volonté comme *La
Riomoise* que j'aime à apporter le témoignage
de mon intérêt le plus sympathique.

Je l'ai dit jadis dans des sociétés anciennes,
nombreuses, florissantes, je le répète devant
vous qui avez fait depuis trois ans de si vaillants efforts : c'est par cette préparation anti-
cipée, par ce goût donné à vos jeunes gens
pour les questions de tir que se forme le soldat
de demain, celui qui, ayant peu de temps à
passer à la caserne, doit y arriver à demi fa-
çonné, et sur la question capitale, celle du tir,
déjà presque instruit.

Je ne saurais donc assez vous féliciter des
résultats que vous avez obtenus.

Déjà cette année vous avez introduit l'arme nationale dans votre concours. L'année prochaine vous y introduirez le tir de guerre, et ce jour-là, je le sais en constatant les excellents rapports qui unissent à Riom habitants et soldats, le concours de nos officiers ne vous fera pas défaut. Ceux d'entre eux qui ont passé par nos écoles militaires de tir, vous aideront de leur expérience, je vous le promets, le jour où vous voudrez ajouter un stand au magnifique gymnase que vous faites construire en ce moment.

Ce n'est pas un discours que je viens vous faire, jeunes gens, c'est un amical encouragement que je vous apporte ; et votre chaleureux accueil, l'ardeur que je vous vois, ce que je sais enfin, m'inspirent le désir de terminer ces quelques mots par l'expression d'un vœu personnel ; vœu que les habitants de Riom comprendront sans qu'il soit besoin de le préciser davantage.

Le voici :

Vous travaillez ici pour la Patrie, mes amis ; eh bien, que jamais nos dissensions et nos luttes politiques ne viennent se mêler à nos efforts ! Au jour de la lutte nous serons réunis tous sous un même drapeau ; avant la lutte soyons unis déjà...

Et s'il m'est permis l'année prochaine de venir dans cette antique et si intéressante cité de Riom, applaudir de nouveau à vos succès, que je n'y retrouve plus qu'un seul groupe de jeunes Français se préparant pour la France.

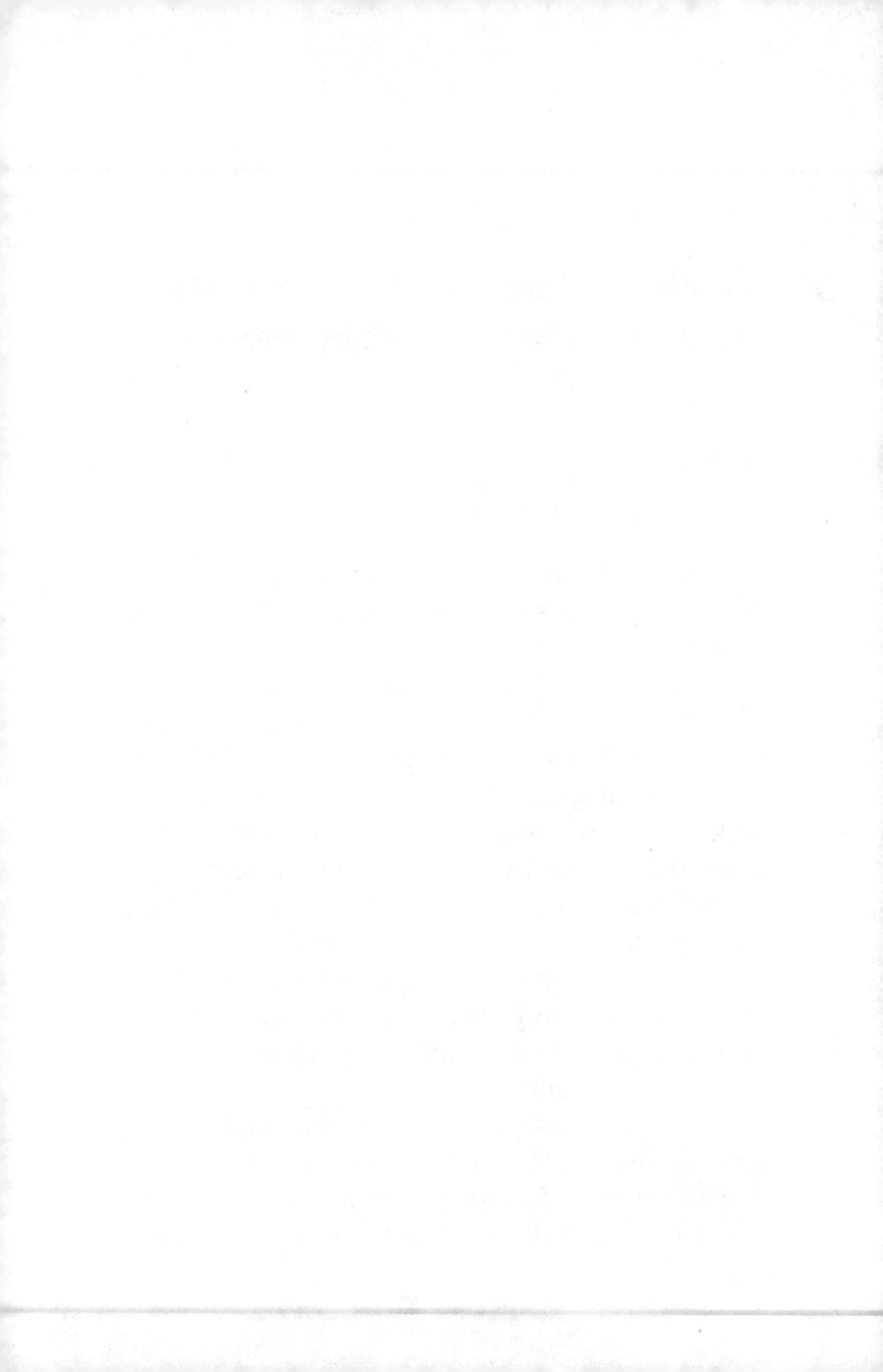

Circulaire relative aux soins hygiéniques à observer pendant les grandes manœuvres.

5 AOUT 1887.

Mon cher Général,

La présence actuelle d'un grand nombre de réservistes sous les drapeaux et la prochaine exécution des manœuvres d'automne sont susceptibles de modifier les conditions sanitaires de l'armée. Le renforcement des effectifs et le brusque passage de la vie civile ou de la vie de garnison aux exercices de campagne peuvent exercer sur la santé du soldat, et particulièrement sur celle des réservistes, une influence qu'il y a lieu de chercher à régler par l'application des préceptes de l'hygiène.

C'est sur ce point que j'appelle toute votre sollicitude et que je vous prie de faire porter vos recommandations aux troupes placées sous votre commandement.

La propreté corporelle des hommes, la propreté de leurs effets et celle de tous les locaux de casernement feront l'objet d'une constante attention. L'infection et l'encombrement seront évités partout, spécialement dans les locaux disciplinaires,

La préparation des aliments sera faite avec autant de soin qu'en temps ordinaire. Les denrées et en particulier les boissons débitées dans les cantines, seront rigoureusement surveillées.

Les hommes indisposés seront soumis à une visite attentive, telle que la comporte l'observation de personnes dont l'état de santé habituel est inconnu.

Vous voudrez bien vous assurer qu'on ne traite dans les infirmeries que les maladies prévues par la décision ministérielle du 10 mars 1884.

On suivra pour les exercices une progression qui amène graduellement au maximum de l'effort que l'on peut avoir à demander.

Pendant les marches on recommandera aux hommes de boire le moins possible et plutôt la provision du petit bidon que l'eau inconnue, ou de la source, ou du puits voisin. Les jours de forte chaleur, vous prescrirez de faire marcher les hommes en espaçant les rangs et de les empêcher de se coucher pendant les pauses.

Dans les cantonnements il sera nécessaire d'arriver assez tôt pour que la cuisson des aliments ne soit pas faite à la hâte et pour que les hommes aient le temps de nettoyer leurs effets avant de se coucher.

On évitera d'occuper les maisons renfermant

des malades atteints d'affections contagieuses. On s'efforcera de ne pas produire d'encombrement et d'entretenir la propreté des locaux et des hommes.

La bonne qualité des denrées et des boissons vendues aux soldats devra être rigoureusement contrôlée.

Pendant les manœuvres on évacuera journellement les malades sur les hôpitaux les plus voisins et l'on ne conservera aucun homme atteint de maladie. Les évacuations se feront autant que possible après l'arrivée au gîte, afin que les voitures soient disponibles pendant la marche du lendemain.

En cas d'accident, les certificats d'origine seront immédiatement établis.

Général BOULANGER.

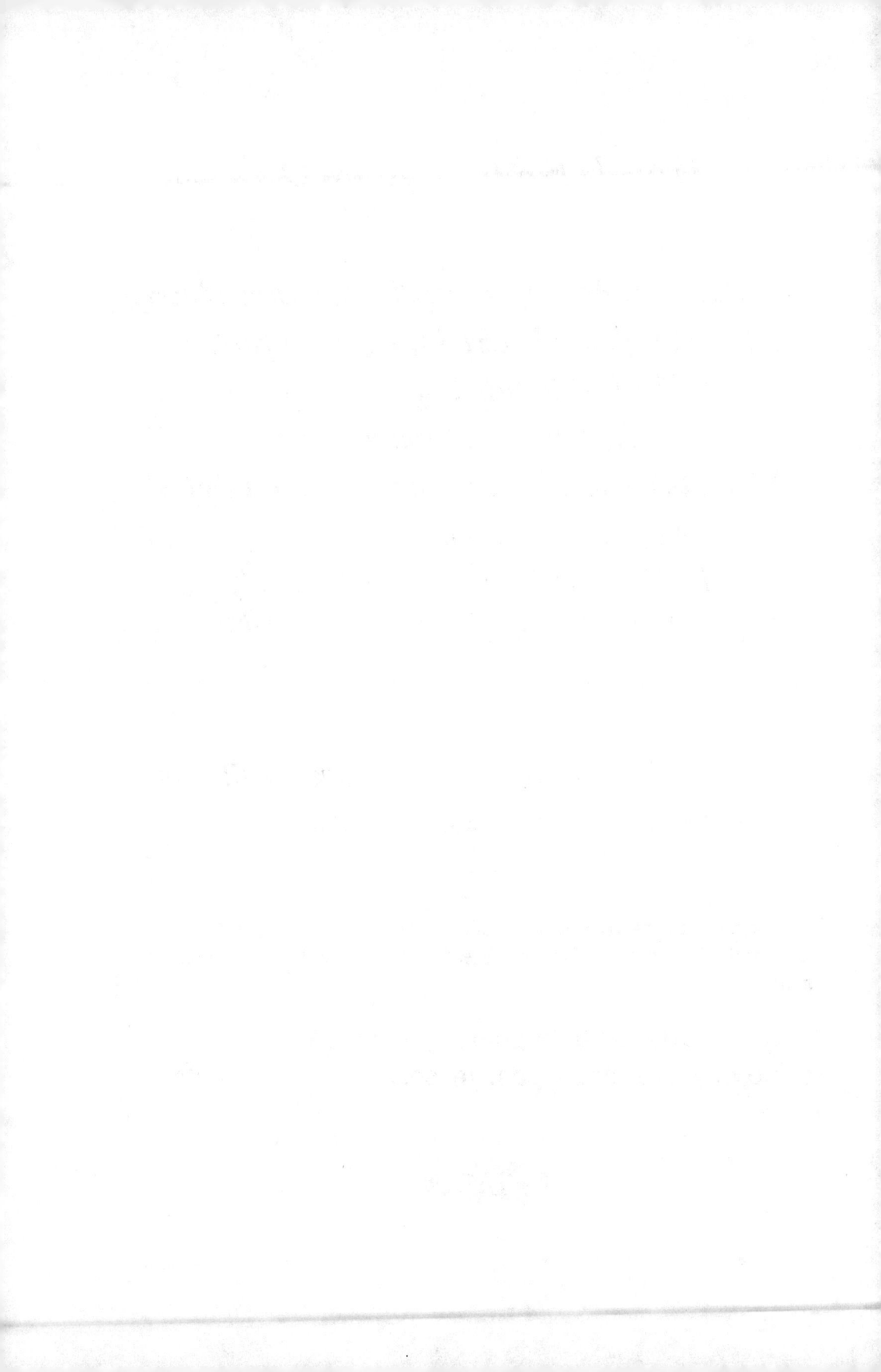

UN DERNIER MOT

Lecteurs, dans tous ces discours, vous n'avez point trouvé, j'en suis certain, une seule parole qui vous révélât le dictateur, que des coteries, des ambitieux et des timorés ont voulu y voir.

Peut-on croire que celui qui, comme le Général BOULANGER, *veut faire une armée de la nation et réduire le service au minimum exigé, puisse créer, avec les hommes qui la composent, des mercenaires capables de prêter la main à un coup d'état ?*

Ce sont là des rêves qui ne peuvent naître que dans le cerveau des ennemis de la France.

~~~~~~~

Nous ne pouvons résister au désir de reproduire les paroles qu'il prononçait, au cours d'une conférence, relative à la loi organique militaire :

Si je poussais à la guerre, je serais un fou, si je ne m'y préparais pas, je serais un misérable.

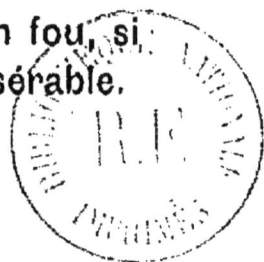

TABLE DES MATIÈRES.

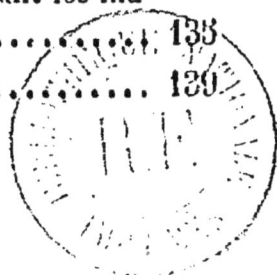

IMPRIMERIE

L. BOURGEON

Rue St-Paul, 36

LYON

www.ingramcontent.com/pod-product-compliance
Lightning Source LLC
Chambersburg PA
CBHW070943100426
42738CB00010BA/1956